새로운 중년을 준비하는 당신
이 책은 당신에게
바치는 글입니다.

_____ 님께

_____ 드림

은퇴의 기술
100세 시대 5 Yes(예스) 로 준비하라

황인철 지음

가림출판사

알아두면 쓸모있는
은퇴 후 40년을 위한 프로젝트

1. 평생 현역 Yes

평생 현역으로 일할 수 있도록 능력과 전문성을 키워라.

2. 건강관리 Yes

100세 시대, 건강하고 젊은 몸을 만들어 건강수명을 관리하라.

3. 자산관리 Yes

100세 시대, 편안한 노후를 위해 생애 재무 설계를 하라.

4. 공동체 생활 Yes

은퇴 후 행복한 생활을 위해 공동체 생활을 통한 인간관계를 형성하라.

5. 8만 시간의 해피 라이프 Yes

자신에게 맞는 취미 생활 등 여가 활동을 즐겨라.

추천의 글

2015년에 전북은행 직원들을 대상으로 은퇴 설계 특강을 하면서 노후 설계를 발목잡는 3가지 착각에 대해 언급한 적이 있었다.

'80세 넘게 살지 못할 것이라는 착각, 병에 안 걸릴 것이란 착각, 자녀가 나의 노후를 지켜준다는 착각'인데 이러한 착각에서 하루빨리 벗어나야 한다고 하면서 가급적 20~30대부터 일찍 노후 준비를 해야 한다고 강조하였다.

이 책은 100세 시대를 맞이하여 현직 전북은행 지점장으로 근무를 하면서 그동안 경험한 사례와 자료를 토대로 은퇴 설계에 대한 상세한 내용을 제시하고 있다. 행복한 은퇴 생활을 꿈꾸는 모든 사람들이 조금이라도 더 빨리 은퇴 준비를 할 수 있도록 길라잡이 역할을 해줄 이 책의 일독을 권하는 바이다.

- 전북은행 은행장 임용택

추천의 글

우리 모두 '100세 시대'라고 불리는 낯선 세계로 초대받았다.

낯선 세계로 여행할 땐 특히 지도와 나침반이 필수다.

이 책은 미래를 위한 지도이며 나침반이다.

저자는 26년 동안의 은행 근무 경험을 바탕으로 100세 시대에 대비해 인생을 어떻게 준비해야 하는지 일, 건강, 자산관리, 공동체 생활, 행복찾기 등의 5가지 항목에 대해 정확한 방향을 제시해주고 있다.

행복한 노후 생활을 계획하고 풍요로운 제2의 인생을 준비하고자 하는 모든 사람들에게 이 책을 적극 추천한다.

- (주)한국비전교육원 대표 ≪골든 그레이≫ 저자 강헌구

프롤로그

솔개의 선택

솔개는 가장 장수하는 새로 알려져 있다. 최고 70세의 수명을 누릴 수 있는데 이렇게 장수하려면 약 40세가 되었을 때 매우 고통스럽고 중요한 결심을 해야만 한다. 솔개는 약 40세가 되면 발톱이 노화하여 사냥감을 효과적으로 잡아챌 수 없게 된다. 또 부리도 길게 자라고 구부러져 가슴에 닿을 정도가 되고, 깃털이 두껍게 자라 날개가 매우 무거워지면서 하늘로 날아오르기도 힘들게 된다. 이때 솔개에게는 두 가지 선택이 있을 뿐이다. 그대로 죽을 날을 기다리든가 아니면 다시 살기 위하여 약 반년에 걸친 매우 고통스런 과정을 수행하는 것이다. 다시 사는 길을 선택한 솔개는 먼저 산 정상 부근으로 높이 날아올라 그 곳에 둥지를 짓고 머물며 고통스런 수행을 시작한다. 먼저 부리로 바위를 쪼아 부리가 깨지면서 빠지게 만든다. 그러면 서서히 새로운 부리가 돋아나는 것이다.

그런 후 새로 돋은 부리로 발톱을 하나하나 뽑아낸다. 그리고 새로 발톱이 돋아나면 이번에는 날개의 깃털을 하나하나 뽑아낸다. 이리하여 약 반년이 지나면 새 깃털이 돋아나면서 솔개는 완전히 새로운 모습으로 변신하게 되는 것이다. 그리고 다시 힘차게 하늘로 날아올라 30년의 수명을 더 누리게 된다.

2014년에 나의 해인 청마靑馬의 해를 맞이하여 솔개 따라하기를 다짐한 적이 있었다. 낡고 익숙한 것들을 깨부수어 나를 자유롭게 하고 새롭게 깨어나는 시간을 통해 꿈과 희망으로 채워지는 새로운 후반전 인생을 열어가야겠다고 다짐했었다. 그러면서 오랫동안 은행에서 리스크 업무를 담당했던 경험을 토대로 은퇴 전략의 핵심은 인생 후반을 좌우하는 리스크를 제대로 이해하고 젊은 시절부터 대응해 나가는 것이라고 생각하게 되었는데, 이것이 이 책을 출간하게 된 계기가 되었다.

UN에서 발표한 자료에 따르면 인간의 평균수명이 100세에 근접하는 '호모 헌드레드homo-hundred' 시대의 도래를 예고했다.

100세까지 건강하게 오래 사는 것은 만인의 염원이자 축복이지만 건강과 경제력이 뒷받침되지 않은 상태로 오래 사는 것은 축복이 아니라 재앙이라고 많은 전문가들이 입을 모으고 있다.

평생동안 회사를 위하여 일을 하고 부모 봉양과 자녀 교육비, 결혼비용 등의 부담으로 인해 정작 본인의 노후 대책은 세우지 못한 안타까운 사람들이 주위에 많이 있다.

이 책은 100세 시대를 맞이하여 인생을 어떻게 설계하고 준비해야 하는지에 대하여 5가지 포트폴리오로 접근했다. 즉 '5 Yes = 평생 현역, 건강관리, 자산관리, 공동체 생활, 행복찾기'라는 5가지에 대한 방향으로 제시하였다.

1장에서는 1955년~1963년에 태어난 1차 베이비붐 세대 720만 명의 은퇴가 본격화되고 있는 모습과 100세 시대의 도래로 장수가 축복이 되기 위하여 알아두어야 할 장수 리스크 3가지, 인생 설계 방법, 100세 시대 돈보다 우선되어야 하는 것들에 대하여 제시하였다.

2장에서는 평생 현역이야말로 최고의 은퇴 준비라는 기본 명제를 바탕으로 어떤 일을 할 것인가 조건을 살펴보고, 책쓰기, 강의 활동, 기술 습득 등을 위한 자기계발 방법에 대하여 제시하였다.

3장에서는 얼마나 건강하게 오래 사는가인 건강수명의 중요성과 100세 시대 건강하고 젊은 몸을 만들기 위해 생활속에서 실천할 수 있는 방법, 암보다 무서운 치매예방 방법 등에 대하여 제시하였다.

4장에서는 100세 시대 편안한 노후를 위한 재테크 전략과 필요한 노후 생활 자금, 이를 준비할 수 있는 방법에 대하여 제시하였다.

5장에서는 은퇴 후 행복은 취미 생활, 사회적 활동, 종교적인 만남 등을 통한 인간관계에 달려 있으며, 특히 배우자와 함께 제2의 인생을 행복하고 즐겁게 보낼 수 있는 방법에 대하여 제시하였다.

마지막 6장에서는 60세에 퇴직하고 80세까지 산다고 했을 때 8만 시간의 여유 시간이 있는데, 이 시간을 잘 활용할 수 있는 여가 활동, 평생 학습 방법, 사회 공헌활동 등에 대하여 제시하였다.

부록에서는 100세 시대 5가지 항목에 대한 체크리스트와 현재 상태 점검 및 목표수립 양식, 영역별 버릴 것과 해야 할 것, 10년 후 미래를 위해 준비할 것은 무엇인지에 대하여 실제로 작성하여 활용할 수 있는 양식을 첨부하였다.

이 책을 통해 은퇴를 앞둔 베이비붐 세대나 풍요로운 제2의 인생을 준비하고 행복한 노후 생활을 계획하고자 하는 30~40대들에게 도움을 주고자 노력했다. 이 책을 쓰는데 은퇴 관련 전문서적과 신문자료에서 많은 정보를 얻었으며, 은행을 퇴직하신 선배님과 지점을 방문하신 고객분들의 인터뷰를 통해서 실제 사례에 대한 많은 도움을 받았다.

이 책을 낼 수 있도록 오랜 기간 도움을 준 나의 영원한 멘토 리더스클럽 유길문 회장과 6개월 이상 매주 빠지지 않고 시너지를 내는 책쓰기 코칭을 도와준 이은정 작가, 오경미 작가에게 감사한 마음을 전하고 싶다. 또한 책쓰기 코칭에 같이 참여했던 12명의 작가님들, 16년 역사의 대표 독서토론 모임인 리더스클럽을 이끌고 있는 운영진 여러분과 리더스클럽 회원들, 또한 JB금융지주 김한 회장님, 전북은행 임용택 은행장님과 임직원 여러분, 순창지점과 금암지점 직원 여러분에게 깊은 감사를 드린다.

끝으로 이 책을 쓰는 동안 옆에서 많은 격려와 응원을 해준 사랑하는 아내 희은, 군대생활을 하면서도 항상 전화로 응원해 주었고 제대 후 복학하여 학업에 매진하는 믿음직한 아들 정현이, 책을 완성하는데 결정적인 아이디어를 제공해 준 최강 딸내미 윤경이에게 고마움을 전한다.

저자 황인철

Contents
차 례

추천의 글 ● 10
프롤로그 ● 12

제1장 인생 100세 시대, 선택이 운명을 결정한다
1. 베이비붐 세대의 쓸쓸한 퇴장 ● 20
2. 100세 시대가 다가오고 있다 ● 25
3. 나도 계속 일하고 싶다 ● 30
4. 인생 100세 시대, 액티브 시니어가 되자 ● 34
5. 100세 시대의 인생 설계 ● 38
6. 100세 시대, 돈보다 우선되어야 하는 것들 ● 42

제2장 평생 현역, Yes
1. 최고의 은퇴 준비는 최대한 오래 일하는 것이다 ● 48
2. 나의 앙코르 커리어는 무엇일까? ● 52
3. 준비된 은퇴는 행복하다 ● 56
4. 평생 현역의 지름길, 나만의 기술을 가져라 ● 60
5. 40대 은퇴 후 생존을 위한 자기계발 ● 66
6. 책 한 권으로 든든한 은퇴 준비를 하라 ● 70
7. 나의 경험, 나의 노하우를 가르쳐라 ● 73

제3장 건강관리, Yes
1. 평균수명보다 건강수명이 중요하다 ● 80
2. 100세 건강, 많이 움직이고 크게 웃어라 ● 85
3. 청춘 100세 몸만들기, 당장 3가지부터 실천하라 ● 89
4. 장수의 기본, 육식은 적게 채소는 많이 먹어라 ● 93
5. 스트레스는 줄이고 긍정적인 마인드는 늘려라 ● 97

6. 치매 4050부터 싹튼다 • 101

제4장 자산관리, Yes

1. 100세 시대, 편안한 노후를 위한 재테크 전략 • 108
2. 노후 준비를 위해 생애 재무 설계에 나서라 • 116
3. 연령별 노후 준비는 이렇게 하라 • 126
4. 은퇴 후 필요한 노후 생활 자금은? • 135
5. 노동 소득 중심의 생애 설계가 답이다 • 140
6. 소득 공백기에 대비하라 • 146
7. 풍요로운 노후, 소비 마인드를 바꿔라 • 152
8. 자녀에게 올인은 이제 그만하라 • 156

제5장 공동체 생활, Yes

1. 은퇴 후 행복, 인간관계에 달려 있다 • 164
2. 행복한 은퇴 생활을 위한 살기좋은 공동체 • 168
3. 신체적 건강에도 좋은 마을 공동체 • 173
4. 노년의 행복은 배우자와의 관계에 의해 결정된다 • 176

제6장 8만 시간의 해피 라이프, Yes

1. 진정한 노후 설계는 행복찾기로부터 시작한다 • 184
2. 영혼을 풍요롭게 하는 여가 활동 • 188
3. 누구나 청춘 합창단의 예비 단원이다 • 193
4. 은퇴 후 자기계발로 평생 학습의 즐거움을 갖자 • 197
5. 사회 공헌활동으로 새로운 삶을 시작하자 • 201
6. 은퇴를 희망으로 만드는 삶의 자세 • 205

부록 • 211
에필로그 : 내일을 꿈꾸며 • 219

사람은 희망이 아니라 절망에 속는다. 그리고 스스로 만든 절망을 두려워한다. 무슨 일에 실패하면 비관하고 이젠 앞길이 막혔다고 생각해 버린다. 그러나 어떠한 실패속에서도 아직 희망으로 통하는 길은 남아 있다. 희망의 봄은 달아나지 않고 당신이 오기를 기다리고 있다는 것을 알아야 한다. 사람의 굳은 뜻으로 못할 일이 없다.

- 웨날크

제1장

인생 100세 시대
선택이 운명을 결정한다

01

베이비붐 세대의 쓸쓸한 퇴장

내가 사는 아파트에 대학 선배가 살고 있다. 대기업 계열사에 다니던 P선배는 3년 전 명예퇴직을 했다. 대학 졸업 후 28년을 근무하고 정년을 얼마 남겨 놓지 않은 시점에 회사에서 제시한 명예퇴직금을 받고 회사를 나왔다.

중간에 정산을 하여 얼마 남지 않은 퇴직금과 명예퇴직금으로 아파트 대출금을 갚고 나니 그에게 남은 재산은 아파트와 2억 원 정도의 예금이 전부라고 했다.

회사를 퇴직하고 그동안 회사를 다니면서 고생했던 인생을 보상이라도 받아야겠다는 생각에 해외여행도 다녀오고 국내에 있는 명산은 다 다녔다고 한다. 그렇게 6개월을 놀다보니 예금통장 잔액이 순식간에 바닥이 날 것 같은 생각에 불안해졌다고 한다.

벼룩시장 사원모집란에 나온 회사에 이력서를 넣고 비정규직 일자리라도 찾아 다녔지만 50대 후반인 선배에게 아무도 연락을 주지 않았다고 한다.

최근에는 아내도 수영과 에어로빅을 다니느라 아침밥 차리기조차 귀찮아하는 눈치를 보인다고 했다. 그나마 시집간 딸이 맞벌이를 해서 봐주고 있는 다섯살 외손자 재롱을 보는 게 그렇게 행복할 수가 없다고 자랑했다.

1958년생인 P선배는 대표적인 베이비붐 세대이다. 국민소득 100달러 시대에 태어나 2만 달러 시대를 열었던 대한민국 성장 주역들의 씁쓸한 자화상 모습이다.

2014년 4월 대규모 특별 명예퇴직을 실시한 KT는 임직원 8,300명이 회사를 떠났다. 두산중공업도 동년 12월 말 52세 이상 사무직 직원 200여 명을 희망퇴직으로 내보냈다. SC제일은행도 2015년 12월 전체 임직원의 18%인 961명을 내보냈다. KB국민은행도 동년 1,122명의 희망퇴직을 실시했으며 매년 희망퇴직을 정례적으로 실시하기로 했다.

경기 침체로 저성장 국면이 장기화되고, 통상임금 재산정에 따른 인건비 증가에 부담을 느낀 기업들의 '희망퇴직'이 줄을 잇고 있다. 특히 이렇게 진행되었던 대규모 구조조정은 2016년부터 300명 이상 사업장부터 실시된 정년연장법(만 58세 → 만 60세)에 따라, 정년에 도달하지 않은 50대 근로자들을 희망퇴직이나 명예퇴직 등으로 정년연장 대상자들을 최소화해 인건비를 줄이겠다는 의도에서 비롯되었다.

이와 같은 구조조정의 대상이 되었던 주연령층은 50세를 넘긴 '베이비붐 세대'이다. 베이비붐 세대는 6·25전쟁 직후인 1955년부터 산아제한 정책이 도입되기 직전인 1963년까지 태어난 사람들이다. 사회적, 경제적 안정에 따른 높은 출산율로 형성된 세대로 생산가능인구를 대거 공급하며 경제성장을 이끌었다. 통계청이 추산한 올해 인구는 약 709만 명이고, 이중 312만 명 정도가 일하고 있는 것으로 추정된다.

이 가운데 1955년~1957년생은 이미 정년이 넘어 회사를 떠났거나 올해 정년을 맞은 세대이기 때문에 퇴출과는 상관이 없다. 베이비붐 세대 중 아직 정년이 되지 않은 1958년~1963년생 근로자들이 '퇴출의 타깃'이 되고 있는 것이다. 최근에는 경영환경이 개선되지 않아 2030세대까지 구조조정 대상이 되고 있다.

전문가들은 베이비붐 세대를 '샌드위치 세대'라고도 표현한다. 여전히 부모를 부양하면서 자녀까지 책임져야 하는 세대라며 나이가 들어도 쉬지 못하고, 모은 돈이 없어 생활이 어려우니 빈곤층으로 전락할 가능성이 커 사회문제화 될 개연성이 높은 세대라고 말한다.

거래처 중 대기업 부장으로 근무하다 퇴직한 S부장(55세)은 당장

재수를 하고 있는 딸 대학교 등록금을 걱정하고 있었다.

퇴직 후 공인중개사 사무실을 차린 S부장은 생활비로 200~300만 원을 버는데, 부동산을 통해 얻은 수입으로는 가계부가 적자와 흑자를 왔다갔다 하고 있다. 딸이 내년에 대학에 들어가면 등록금 부담까지 겹쳐 노후를 위해 연금을 들거나 저축을 하는 건 엄두도 못낼 상황이다.

S부장은 "딸 대학도 마치고 시집도 보내야 해서 안정적인 수입을 확보할 수 있는 방안에 대해 고민하고 있다"고 말했다.

S부장처럼 자녀 부양 등에 치중하다 보니 베이비붐 세대들은 정작 노후를 제대로 준비하지 못하는 사람이 상당수를 차지하고 있다.

한국보건사회연구원이 베이비붐 세대를 대상으로 공적연금 가입 현황을 조사한 결과 13.7%는 본인과 배우자를 포함해 전혀 가입하지 않은 것으로 나타났다.

퇴직연금 미가입률이 72.1%에 달하고, 개인연금도 퇴직연금보다는 가입률이 높지만 미가입률이 48.1%에 이르는 것으로 나타났다. 동 연구원의 선임연구원은 "베이비붐 세대는 제한된 자산을 어떻게 활용할 것인지에 대한 판단과 준비가 필요한 시점에 놓여 있다"며 "자녀에 대한 경제적 부양과 자신의 안정적인 노후 생활이 동시에 가능하지 않으며, 공적인 노후 소득 보장만으로는 자신이 기대하는 생활수준을 유지하기 어렵다는 점에서 냉철한 판단과 준비가 필요하다"고 지적했다.

그러나 베이비붐 세대들의 모습에 이렇게 어두운 모습만 있지는 않다.

자기관리가 신중년의 새로운 트렌드로 등장하면서 젊은이들 못지않게 건강한 모습을 하고, 중년 남성들이 외모 가꾸기에도 관심이 많아지면서 백화점 쇼핑의 큰손으로까지 등장하고 있다. 또한 골프, 사진찍기, 악기를 배우고 즐기면서 여가 활동을 활발히 하는 신중년들이 많이 늘어나고 있는 추세이다.

> 노후 준비의 골든타임은 바로 지금이다.
> 늦었다고 생각할 때가 가장 빠른 때이며,
> 지금이 유일한 기회이다.

02

100세 시대가 다가오고 있다

"어머니! 오늘 2억 원 정기예금 만기인데 지점에 오실 수 있겠어요?"

"부지점장! 오전에 요가 끝나고 지점에 가려고 했어. 전화줘서 고마워."

내가 전에 근무하던 지점이 구도심에 위치하고 있어 고령의 고객분들이 많이 방문하신다. 특히 이 고객님같이 94세인데도 불구하고 은행에 오셔서 출금전표를 직접 쓰시고 금융거래를 다른 사람 도움없이 하시는 모습을 보면 깜짝 놀랄 때가 자주 있었다.

우리는 얼마나 오래 살 수 있을까? 한국인의 평균수명은 81세(남자 77.6세, 여자 84.4세)로 알려져 있다. 그러나 실제로 인구의 절반은 평균수명보다 더 오래 산다. 평균수명이란 갓 태어난 아기가 앞으로 얼마나 살 수 있는가를 나타내는 척도이다. 하지만 영유아 사망률을 감안하면 실제 성인들은 평균수명보다 훨씬 더 오래 산다.

그렇다면 영유아기를 지난 성인들은 얼마나 오래 살까? 이때 나오는 개념이 이른바 '최빈사망연령'이다. 쉽게 말해 평균치가 아니라 '가장 많은 사람이 사망하는 나이'를 의미하는 최빈사망연령의 경우 한국은 이미 85세를 넘어섰고 2020년 무렵이면 90세에 도달할 것으로 전망된다.

UN은 2009년 발표한 '세계 인구 고령화 리포트'에서 인간의 평균수명이 100세에 근접하는 '호모 헌드레드 homo-hundred' 시대의 도래를 예고했다. 현 인류의 조상을 '호모 사피엔스'로 부르는 것에 비유해 100세 삶이 보편화되는 시대를 의미한다. 이 보고서는 2000년 기준으로 평균수명이 80세가 넘는 국가가 6개국 뿐이지만, 2020년에는 31개국으로 급증할 것으로 예상했다. 고령자가 이렇게 많이 늘어나게 되면 경제·사회·문화 시스템을 새롭게 바꿔야 한다는 게 UN의 지적이다.

그렇다면 베이비붐 세대는 노후 설계를 할 때 기대수명을 얼마나 가정해야 하는가? 통계청 자료에 따르면, 우리나라 남자의 기대수명은 2060년에는 86.6세, 여성의 기대수명은 90.3세로 늘어날 것으로 예상된다. 따라서 현재 50대인 베이비붐 세대들은 최소한 90세 이상을 산다고 가정하고 노후 설계를 하는 것이 바람직하다.

이처럼 100세 시대 도래가 현실화되었는데 과연 축복이라고만 할 수 있을까? 건강하게 오래 사는 것은 만인의 염원이자 축복이지만 건강과 경제력이 뒷받침되지 않은 상태로 오래 사는 것은 축복이 아니라 재앙이다. '장수는 축복이자 리스크'라는 말이 여기에서 나온 것이다. 장수가 축복이 되기 위해서 알아두어야 할 장수 리스크는 다음과 같이 3가지로 요약할 수 있다.

첫 번째는 **무전장수無錢長壽** 리스크다. 은퇴 후 직장을 그만두면 안정된 소득원이 없어지므로 생활수준이 떨어질지 모른다는 불안감이 커진다. 은퇴자들의 50% 이상이 노후 자금 부족으로 생활에 큰 어려움을 겪고 있다. '주식이나 부동산에 투자한 돈이 손실을 보지 않을까 또는 물가가 계속 오르면 생활비가 부족해지지 않을까' 하는 불안감이 상당하다. 이제는 100세 시대 노후 자금을 안전하면서도 부족하지 않게 관리를 해야 한다. 이를 위해서 자산 중 일부를 위험자산에 배분하지 않으면 안된다.

두 번째는 **유병장수有病長壽** 리스크다. 세계보건기구WHO 발표에 따르면 한국인의 건강수명은 71세에 불과하다. 건강수명이란 평균수명에서 부상이나 질병으로 인해 활동하지 못한 기간을 뺀 것으로 실제로 활동을 하며 건강하게 산 기간을 나타내는 지표이다. 평균수명을 감안할 때 대략 10년 정도 병치레를 하며 보낸다. 질병은 육체적 고통뿐만 아니라 재정적 어려움도 함께 가져온다. 늙어서 치매나 뇌졸중 같은 중병에 걸리면 오랫동안 치료를 받아야 하는 불편이 따르며, 암과 같은 중증질환은 치료비가 비싸 자칫하다간 노후 생활 자금까지 지출할 가능성이 높다. 따라서 노후를 대비해 돈을 많이 모으는 것만큼 건강관리도 매우 중요하다.

세 번째는 무업장수無業長壽 리스크다. 직장을 중심으로 인간관계를 이어가는 사람들은 정년퇴직을 하면서 인간관계의 마지막 끈마저 놓게 된다. 또한 직장은 월급을 받는 생활수단의 의미이자 인간으로서 존재 이유를 확인받는 장소이기 때문에 직장을 잃는다는 것은 과장해서 이야기하면 삶의 의미를 상실하는 것과 비슷하다. 이

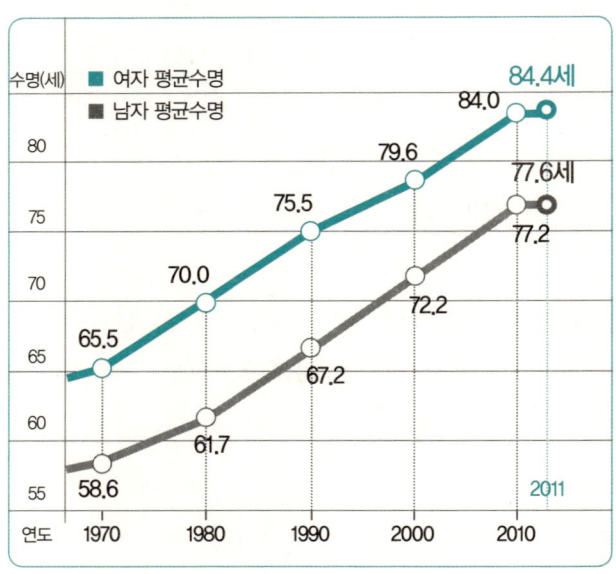

자료 : 통계청

에 적극적인 대응방법은 새로운 일을 하는 것이다. 은퇴 후에 갖는 새로운 일자리는 자산과 시간 관리 및 인간관계 문제를 동시에 해결해주는 유일한 대안이다.

그러나 이처럼 장수를 무조건 리스크로 받아들이는 것은 너무 소극적인 생각이다.

"90살이 돼서도 지금처럼 일도 하고 시詩도 쓰고 싶다. 은퇴는 죽을 때나 하는 거라고 생각한다. 퇴직 후 여러 일에 시간을 쪼개 쓰면서 나도 모르던 잠재력을 발견하는 때가 많아 깜짝깜짝 놀란다."

매주 3일씩 봉사 활동을 하고 있고, 환갑이 지나 늦깎이로 시집을 낸 71세 은퇴자가 인터뷰한 내용인데 100세 시대를 살아가는 좋은 모델이 되고 있다.

100세 장수는 위험하니까 빨리 죽는 게 낫다는 식의 부정적인 생각을 가지지 말고 100세 시대에 맞추어 생애 설계를 새롭게 하고 관리를 한다면 장수를 축복으로 만들 수 있지 않을까 생각한다. 은퇴 후 40년을 노년기가 아니라 새로운 중년기로 개척하는 파이어니어들에게는 장수는 리스크가 아니라 축복이 될 수 있다.

03
나도 계속 일하고 싶다

3년 전에 성인들을 대상으로 금융경제교육을 하면서 은퇴 준비에 대한 질문을 했던 적이 있다. 대부분이 베이비붐 세대였는데 그들은 "우리는 죽을 때까지 희생하는 세대"라고 한숨을 쉬면서 적은 임금을 받더라도 계속 일하고 싶어했다.

"1년에 대학생 1년 학비만 1,000만 원이 들어간다. 책값에 교통비까지 합하면 1,600 ~ 2,000만 원 정도다. 이걸 4년간 내야 한다고 생각하면 너무 벅차다. 그리고 졸업한 후에라도 취직이 바로 되면 다행이지만, 그렇지 않은 경우를 대비해 부모라도 나가서 벌어야 한다"

"대학생, 고등학생 2명이 있는데 매달 교육비로만 200만 원 이상이 들어간다. 그나마 대학생 딸은 등록금만 대주고 생활비는 자기가 아르바이트로 벌어서 사용한다. 그렇더라도 밑의 동생은 대학을 보낼 수 있을지 걱정인 상태이다."

"부부 둘만 살면 퇴직금 갖고 살며 일을 안해도 된다. 그런데 출가하지 않은 자녀나 대학생 자녀가 있다면 힘들다. 4인 가족 기준 매달 500만 원 정도 들어간다. 매달 적지 않은 돈이 들어가니 부모라도 일을 찾아 다닐 수밖에 없다."

"편의점이나 마트 아르바이트도 나 같은 50대 아저씨는 써주지 않는다. 벼룩시장이나 인터넷 사이트에 올라온 작은 일거리를 보고 연락해 보면 나이를 묻고는 그냥 조용히 전화를 끊는 경우가 부지기수다"

수강생 중 기억나는 분들의 고민을 살펴볼 때 퇴직 후 노후 준비가 안된 베이비붐 세대들은 은퇴 이후에도 자녀 교육비를 벌기 위해 일자리를 찾고 있었으며, 적은 임금을 받아도 일하고 싶어 했고 창업으로 눈을 돌리는 이들도 많은 것으로 나타났다. 지금의 현실을 볼 때 베이비붐 세대들의 앞날이 결코 희망적이지 않다.

고용노동부에 따르면 베이비붐 세대가 포함된 장년(50세~64세) 고용률(2014년 상반기 기준)은 69.9%에 이른다. 경제협력개발

기구OECD 34개 회원국 가운데 8위를 차지할 정도로 상위권을 유지하고 있다.

하지만 일자리의 질을 살펴보면 장년층의 '고용위기'는 심각한 상황이다. 평균 퇴직 연령은 53세, 정년까지 일한 비율은 7.6%로 10명 중 1명꼴도 되지 않는다. 반면에 권고사직, 명예퇴직 등에 따른 조기 퇴직 비율은 16.9%에 이를 정도로 높다. 특히 고용노동부 추산 결과 2021년까지 연평균 20만 명 정도의 베이비붐 세대가 직장을 잃을 것으로 전망되고 있다.

베이비붐 세대는 퇴직 후 어렵게 재취업을 한다고 해도 질 낮은 일자리로 갈 가능성이 높다. 지난해 직장에서 퇴직한 뒤 다시 일자리를 얻은 장년층 200만 명 가운데 임시·일용직으로 재취업한 비율은 45.6%였다. 퇴직자 4명 중 1명(26.7%)은 자영업자로 나섰다. 재취업자의 월평균 임금도 184만 원으로 20년 이상 장기 근속한 근로자의 평균 임금(593만 원)의 3분의 1 수준밖에 되지 않았다.

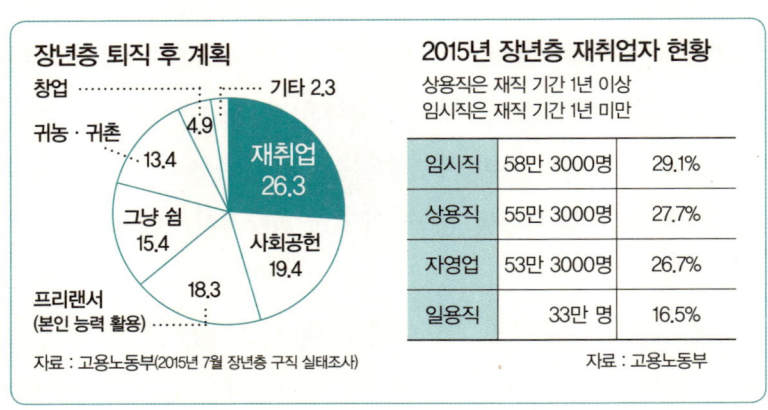

베이비붐 세대는 나이가 들어도 쉬지 못하고, 모은 돈이 없어 생활이 어려우니 빈곤층으로 전락할 가능성이 커져 사회문제화 될 가능성이 있다. 정부에서도 이들을 위해서 임금피크제도 도입 등 많은 노력을 하고 있지만, 개인들도 정부와 기업에만 의지하지 말고 은퇴 준비를 철저히 해야 한다.

병을 치료할 때 진단을 먼저하고 처방을 하는 것처럼 퇴직 시점을 가정했을 때 재무 상태를 미리 파악하고 구체적인 은퇴 계획을 세워야 한다. 모르는 분야에 대한 투자와 자녀 학자금 마련을 위해 고위험 고수익 투자를 자제하는 것도 중요하다. 퇴직 후 30~40년 동안 돈도 중요하지만 무슨 일을 하면서 살아갈 것인가를 심각하게 생각해 봐야 한다.

100만 원 수입이라도 고정적으로 벌어들이기 위해선 요즘 같은 저금리 시기엔 금융자산 9억 원 이상이 필요하다는 계산이 나온다. 베이비붐 세대 중 이미 퇴직을 경험한 사람들의 대다수가 일하는 반퇴半退의 시대가 왔으며 재무적인 측면에서나 건강, 가족과의 관계, 대인 관계, 여가 생활을 원활히 즐기기 위해서라도 일을 계속할 필요가 있다.

04

인생 100세 시대
액티브 시니어가 되자

UN이 정한 노인의 나이는 65세이다. 이 나이에 창업해서 크게 성공한 사업가의 사례를 들어본 적이 있을 것이다. 바로 KFC의 창업자인 커넬 샌더스다.

그는 60이 넘은 나이에 프랜차이즈 계약을 따내기 위해 미국 전역을 돌아다녔다.

가진 것이라고는 치킨을 맛있게 튀기는 기술뿐이던 그는 레스토랑 주인에게 자신만이 만들 수 있는 맛있는 치킨 요리법을 가르쳐주고 로열티를 받는 사업을 구상해 냈다.

"나이를 생각해서 이젠 그만 쉬세요." 어린 레스토랑 주인에게 훈계를 듣는 것도 한두 번이 아니었다. 그러나 그는 실망하지 않고 스스로에게 '내가 다른 사람들에게 보탬이 될만한 어떤 일을 할 수 있을까? 라는 질문을 끊임없이 던졌다.

그렇게 해서 시작된 것이 KFC 프랜차이즈 사업이다. 3년 넘게 전국을 돌아다니며 무려 1,009곳에서 거절을 당한 커넬 샌더스는 스스로 다짐했다.

'나에게 은퇴라는 말은 없다. 어떠한 역경이 닥쳐와도 포기하지 않을 것이다. 목숨이 붙어 있는 한, 나는 계속해서 움직일 것이다. 내 요리는 완벽해. 나는 반드시 성공할 거야.'

그는 절망 대신 희망을 가졌고 우는 대신 웃었으며, 방황대신 행동했다. 그리고 68세가 되던 해, 그는 1,010번째 찾아간 레스토랑에서 첫 계약을 따냈다.

이렇게 출발한 KFC는 현재 전 세계 80여 개국에서 약 1만 3,000여 곳의 매장을 가진 세계적인 프랜차이즈로 성공했다.

김형래가 쓴 ≪나는 치사하게 은퇴하고 싶다≫에 나오는 커넬 샌더스의 사례이다.

인간이 100세까지 산다고 가정할 때, 30세에 취직하여 60세에 퇴직하면 일하는 기간은 30년이지만 은퇴 기간은 무려 40년이나 된다. 30년 동안 벌어서 은퇴 후 40년간 먹고 살기에 충분한 돈을 모을 수 있는 사람이 과연 얼마나 있을까?

과거 평균수명이 70세 정도일 때는 '공부 → 취업 → 은퇴'라는 삶의 방식이 일반적이었으나 100세 시대에는 '공부 → 취업 → 공부

→ 재취업 → 은퇴'와 같은 '순환형 라이프 스타일'이 요구된다. 끊임없이 공부하고 자기계발을 하며 현역으로 일할 수 있도록 인생설계를 하는 것이 100세 시대를 맞이하는 기본 자세이다.

은퇴를 의미하는 영어 'retire'는 뒤로 물러나는 것이 아니라 말 그대로 타이어를 새로 갈아 끼우는re-tire 것, 즉 새로운 시작을 의미한다. 새로운 마음과 몸으로 다시 먼 길을 떠날 준비를 하는 것이다. 보다 빠르면서도 철저한 설계와 준비가 '물러나서도 빛을 발하는 은퇴銀退'로 만들 수 있다.

미국 은퇴자협회 조사에 따르면, 베이비붐 세대의 80%는 65세가 넘어도 일을 하고 싶어 하는 것으로 나타났다. 일본 노무라종합연구소의 조사에서도 베이비붐 세대 중 60세 이후에도 계속 일을 하고 싶다고 하는 사람이 80% 가깝게 나타났으며, 더 이상 일하고 싶지 않다고 생각하는 사람은 16%에 불과했다. 이러한 수치가 의미하는 바는 무엇일까?

우리나라 은퇴자들은 여유 시간을 주체하지 못해 등산과 TV 시청으로 소일하고 있다. 반면 선진국 은퇴자들은 정년퇴직을 하고 대학으로 달려가 자격증을 따거나 재교육을 받아 정년퇴직 후 20년~30년을 다시 활기차게 살아간다. 하루에 5시간 이상 자원봉사를 하거나 비영리단체를 설립하여 사회운동을 하기도 한다. 이제는 우리나라의 은퇴자들도 은퇴에 대한 개념을 바꿔야 한다. 여행이나 공부를 하든, 아니면 자원봉사를 하든 활발하면서 의미있는 노후 생활을 즐기는 액티브 시니어active senior가 되어야 한다.

현역시절에는 실패한 대통령으로 평가받았으나 노년기에 더욱 열심히 일하고 있으며, 현재 94세 고령이면서 암투병 중임에도 봉사활동을 계속하고 있고 '위대한 미국인'이라는 칭송을 받고 있는 대통령을 알고 있는가?

78세 나이로 노벨평화상을 받았으며 백악관을 떠난 이후에도 14개국 3,943개 사업장에서 집짓기 봉사 활동을 하고 있는 지미 카터 전 대통령의 은퇴 생활은 모든 은퇴자들의 모델이 되지 않을까 생각한다.

05
100세 시대의 인생 설계

　최근에 친구 아버지 팔순잔치를 다녀왔다. 과거에는 환갑잔치다 칠순잔치다 자주 다녔지만 요즘에는 흔하지 않다. 어린 시절 동네 어르신 환갑잔치는 명절만큼이나 큰 행사였다. 빚을 내서라도 부모님 환갑잔치를 해드리는 것이 자식의 도리요, 미풍양속으로 여겨지던 시절이었다. 1960년 우리나라 사람의 평균수명이 52.4세였으니 환갑을 맞이하면 누구라도 요란하게 축하잔치를 할 수 있었던 것이 이해가 간다. 지금은 60세면 노인축에도 끼지 못한다. 경로당에 가면 막내로 심부름을 도맡아 해야 하고 마을의 청년회장을 맡은 사람도 있다고 한다.
　환갑은 이제 우리에게 다른 의미를 갖는다. 노후로 접어드는 길목이자, 각자의 준비 정도에 따라 전혀 다른 생을 살게 된다는 점에서 매우 중요한 시점이다.

강창희 대표의 ≪당신의 노후는 당신의 부모와 다르다≫를 보면 정년 후 8만 시간에 대한 이야기가 나온다.

60세에 퇴직을 하고 지금의 평균수명인 80세까지만 산다고 가정해도, 정년 후 약 20년이나 되는 시간이 남아 있는데 하루 여유 시간이 최소 11시간이라면, 20년의 여유 시간은 약 8만 시간(11시간×365일×20년)이 된다. 현재 우리나라 직장인들의 연평균 근로 시간이 2,193시간(2010년 기준)이므로 정년 후 8만 시간은 36년간 현역으로 일하는 시간과 맞먹는다. 100세까지 산다고 치면 72년간 현역으로 일하는 시간에 상응하는 후반 인생을 보내야 하는 셈이다.

100년이라는 세월이 짧지는 않지만 그렇다고 도중에 지쳤다고 포기할 만큼 길지도 않다. 우리가 가야 할 길을 아무일 없이 꾸준하게 가려면 새로운 각오와 노력이 절대적으로 필요하다. 이제는 인생의 단계별로 계획을 세우고 차분하게 대응해야 한다.

은퇴 이후 대책없이 다가오는 8만 시간을 공포로 받아들이느냐, 아니면 새롭게 시작하는 세컨드 라이프로 즐기느냐는 우리들 각자의 몫이다.

필자가 근무하는 은행에서 매년 정기적으로 우수 고객을 초청하여 명사 특강을 하는 리더스포럼 행사가 있다. 작년에 한화생명 은퇴연구소 최성환 소장께서 은퇴 관련 특강을 하였는데, 노후 준비를 잘해 놓은 사람들이 말하는 7가지 충고에 대해 이야기한 적이 있다.

'치아 관리를 잘해라, 즐겁게 즐길 수 있는 취미를 만들어라, 자식과 자주 대화하라, 경제적인 부분도 중요하니 하루라도 빨리 더 많이 저축하라, 자녀 교육에 너무 올인하지 말고 과외를 줄여서라도 연금 하나 더 들어라, 자신의 몸과 주변을 항상 청결하게 하라, 부인=상사라고 생각하고 사랑하고 위해 주라'라는 내용이다.

이와 같은 차원에서 일본의 은퇴 전문가들도 행복한 노후를 위해서는 '5개의 저축통장'이 필요하다고 말한다. 일상을 즐길 수 있도록 '취미를 저축'하고, 삶의 가치를 찾을 수 있도록 '교양을 저축'하고, '건강의 저축'은 필수며, 노후가 외롭지 않도록 '친구를 저축'하고, 품위를 잃지 않도록 '돈을 저축'하라는 것이다.

이웃나라 은퇴 전문가들의 조언도 참고하여 행복한 노후를 위해 '5개의 저축통장'을 미리미리 준비해놓는 것도 좋은 방법이 될 것 같다.

평생을 24시간이라고 가정해 볼 때 남성 평균수명이 63세이던 30년 전의 경우 55세에 은퇴하고 집으로 돌아온 시간이 '오후 8시' 쯤이었다고 한다. 씻고 TV보다가 잠들면 적당한 시간이다. 하지만 평균수명이 80세로 늘어난 요즘은 '오후 5시'에 은퇴하게 된다. 인생의 전체를 바라볼 때 상상할 수 없는 긴 시간이 남아 있다. 그때부터 체계적인 은퇴 계획 없이 TV 채널만 돌리며 시간을 보내기엔 너무 길고 아깝다는 생각이 든다.

은퇴 후 8만 시간을 의미있게 보내기 위해서는 적절한 시간 배분 전략이 필요하다. 일과 봉사 활동을 하면서 여행과 운동 등 정신과 육체를 활용하는 적극적인 여가 활동을 늘릴 필요가 있다. 그러면 건강관리도 하면서 사회적 관계망도 강화되는 일석이조의 효과를 거둘 수 있을 것이다.

06

100세 시대
돈보다 우선되어야 하는 것들

　내가 다니는 은행에서 30, 40대 차장·과장급 후배들과 대화하다 보면 은퇴 이후를 심각하게 고민하고 있고 어떻게 준비해야 하는지, 퇴직을 앞둔 선배들의 사례도 많이 듣고 직접 준비도 하고 있다는 얘기를 많이 듣게 된다.

　이렇게 30, 40대 직장인들이 은퇴 준비를 시작하고 있는 것은 베이비붐 세대인 부모 또는 직장 상사가 체계적인 노후 대책 없이 은퇴에 내몰리는 경우를 자주 지켜봤기 때문이다. 이들은 10대 후반 또는 20대 초반에 부모 세대가 IMF 외환위기로 실직당하는 모습을 봤으며, 스펙 경쟁과 취업난을 겪은 세대라는 공통점이 있다.

　과거 은퇴 준비는 재무 설계나 부동산 투자 등 주로 노후를 위한 금전적 투자에 집중되었다. 그러나 최근 은퇴 준비를 하는 30대는 단순히 재테크뿐 아니라 가족과 함께 할 수 있는 취미 생활, 봉사 활동, 제2의 직업을 찾는 문제까지 신경을 쓴다. 최근 금융기관 은퇴연구소에서 직장인들을 대상으로 한 은퇴 강의에 재무 강의뿐만 아니라 가족과의 소통과 재취업 등에 대해 함께 고민하는 비재무적인 요소를 다루기 시작한 것이 이러한 현상을 보여주고 있는 것이다.

100세 시대, 은퇴 설계에 있어 가장 우선적으로 고려되어야 할 것은 재무적인 요소보다 비재무적인 요소라 생각한다. 은퇴 설계에 있어 비재무적인 요소에는 어떠한 것들이 있는지 살펴보자.

첫째, 꿈이다. 젊은 시절에는 가족 또는 생계 중심의 꿈을 가지고 살았다면 인생 후반기에는 자기 중심의 꿈을 가져야 한다. 자신의 열정과 에너지를 집중할 수 있는 것이 무엇인지를 생각해 진정으로 원하는 버킷리스트를 만들고 우선순위를 정한다. 은퇴 후 8만 시간 동안 꿈 하나로는 부족하기 때문이다. 노후의 꿈을 실천하기 위해 잘하는 일, 재미있는 일을 찾는 것이 중요하다.

둘째, 일이다. 은퇴 이후 시간을 여가만으로 채우기에는 기간이 너무 길뿐만 아니라 한계가 있기 때문에 은퇴 이후에는 일이 있어야 한다. 지금까지 자신의 인생에서 소중히 해온 것이 무엇인지 확인하는 과정에서 소망을 이룰 수 있는 천직을 발견할 수 있다. 은퇴 후에 돈이 부족할 위험이 있으므로 천직이면서 돈도 되는 일을 찾는 것이 좋은 방법이다.

셋째, 평생 학습이다. 은퇴 이후 학습은 새로운 목표를 설정하고 도전하는 과정에서 삶에 대한 애착을 가지고 활기찬 생활을 유지할 수 있도록 해준다. 최근 수명이 길어지고 고학력 사회가 도래하면서 늘어난 자유 시간을 이용해 여러 가지 일에 종사하려는 사람들이 늘어나면서 평생 학습이 중요시되고 있다. 젊게 살려면 배움을 멈추어서는 안되며 평생 즐겁게 공부해야 한다. 은퇴는 직장에서 물러난 것이지 인생에서 물러난 것이 아니기 때문이다.

넷째, 건강이다. 돈도 충분하고 은퇴 계획도 완벽하게 세워놓았지만 정작 건강이 나빠 은퇴 생활을 제대로 즐기지 못한다면 즐거움이 사라진다. 반대로 건강하지만 은퇴 생활을 즐길 돈이 부족하면 이것도 문제가 있다. 행복한 노후 생활을 위해 건강과 돈은 중요한 요소이다.

다섯째, 인간관계다. 직장 생활을 하다가 은퇴할 경우 가장 고통스러운 것이 소속감의 박탈이다. 은퇴 후 직장의 소속감을 가족, 친구, 사회 지인들 속에서 찾아야 하며 은퇴 전과 다른 새로운 가족관계, 사회관계를 정립해야 한다. 또한 은퇴 후에는 부부 관계, 자녀와의 관계도 되돌아보고 새로운 국면으로 승화시킬 수 있는 시기이다. 세상을 사는 동안 나의 가장 든든한 울타리는 가족이고 그중에서도 배우자가 바로 나의 마지막 사람이 된다.

여섯째, 취미와 봉사 활동이다. 노후가 될수록 적극적인 취미 생활이 필요하다. 취미 생활을 통해 스트레스를 해소하고 활기를 찾을 수 있기 때문에 좋은 취미 생활을 적극적으로 할수록 노화 속도는 느려진다. 또한 은퇴 후 자원봉사는 무료한 생활에 활력을 불어넣어주며 삶의 보람과 만족감, 마음의 평화를 얻을 수 있게 해준다. 노후에 봉사 활동을 하는 가장 큰 이유는 자신이 중요한 존재로서 사회에 참여하고 있다는 느낌을 가질 수 있고, 자신의 경험과 지혜를 인정하는 사람들에게 헌신함으로써 희열을 느낄 수 있기 때문이다.

　은퇴 설계에 있어 위와 같이 살펴본 여섯 가지의 비재무적인 요소를 이해하고 균형있게 계획한다면 구체적이고 현실적인 재무 설계가 가능하고 실천 가능성도 높아질 것이다.
　그동안 가족을 위해 살아왔던 내 삶에서 나를 위한 삶으로 전환하여 인생 100세 시대, 의미있는 후반전을 보낼 멋진 계획을 세워보도록 하자.

있잖아, 불행하다고 한숨짓지 마
햇살과 산들바람은 한쪽 편만 들지 않아
꿈은 평등하게 꿀 수 있는 거야
나도 괴로운 일 많았지만 살아 있어 좋았어
너도 약해지지 마

– 시바타 도요 《약해지지 마》

제2장

평생 현역
Yes

01

최고의 은퇴 준비는
최대한 오래 일하는 것이다

　언젠가 잡지에서 최고의 배우자감으로 남자로는 송해 씨가, 여자로는 전원주 씨가 뽑혔다는 기사를 본적이 있다. 전국노래자랑 MC인 송해 씨는 1927년생으로 우리나이로 91세인 지금도 현역으로 맹활약 중이다. 그는 너무나 정정해 60대로 착각할 정도이며, 60~70년 전의 일도 어제 일처럼 생생하게 기억하고 있으실 정도이다. 전원주 씨 또한 1939년생으로 남들 같으면 이미 일을 접었을 79세의 나이에도 연기 및 강연으로 전성기를 누리고 있다. 현재 젊은이들이 생각하는 배우자의 이상형과 외형적인 면에서는 다소 차이가 있지만, 100세 시대를 맞이하여 많은 사람들이 부러워할 수 있는 최고의 가치를 지닌 사람으로 보여진다.

　우리가 100세 시대까지 산다면 은퇴 이후 삶을 어떻게 준비해야 할까?

우리 앞에 펼쳐진 100세 시대를 더 즐겁고 현명하게 살아가려면 과거의 틀에서 벗어나 삶의 방식부터 바꿔야 한다.

과거에 평균수명이 70~80세이던 때에는 학교를 졸업해 취업하고 은퇴하는 삶의 방식이 일반적이었으나, 100세 시대에는 은퇴 이후에도 제2의 직업을 위한 재교육과 재취업 같은 방식으로 계속 공부하고 자기계발을 하며 현역에서 활동하는 '순환형 라이프 스타일'이 요구된다고 앞에서 언급하였다.

요즘은 배움을 통해 '무슨 일을 하면서 살 것인가'가 은퇴 시장의 최대 화두가 되고 있다. 퇴직자들이 일자리를 찾아 나서는 이유는 경제적인 문제가 가장 크다. 그러나 경제적인 문제가 아니더라도 아무 일 없이 산다는 것은 괴로운 일이므로 활동이 가능한 시기까지는 자기실현 활동이든 사회공헌 활동이든 하는 일이 있어야 한다.

"체면 가리지 말고 나이 들어서도 최대한 오랫동안 일해야 합니다. 아무리 투자를 잘한다고 해도 근로소득만큼 확실하고 안정적인 소득은 없습니다. 한 달에 50만 원을 벌 수 있다면 이는 2억 원의 정기예금을 가진 효과와 같습니다.

저는 은퇴한 게 아니라 퇴임한 겁니다. 지금과 다름없이 앞으로도 투자 교육, 은퇴와 관련한 연구와 강연 활동을 이어갈 생각입니다."

강창희 전 미래에셋자산운용 부회장이 2012년도 퇴임식에서 한 말이다.

강 전 부회장은 자신에 대한 투자로 몸값을 높일 여지가 큰 20~30대 젊은 직장인들은 재테크에 신경쓰는 게 오히려 손해가 될 수 있다고 한다. 노후 준비는 국민연금, 직장에서 하는 퇴직연금, 그리고 개인연금으로 충분하며 재테크 수익률도 정기예금 금리보다 1~2%포인트 더 낸다고 생각하고 근로 소득을 높이는 데 노력을 기울여야 한다고 했다. 그는 은퇴 후에도 미래와 금융 연구포럼 대표로 활동하며 은퇴 준비의 필요성을 교육하고 있다.

일본에서 활동하는 히노하라 시게아키 박사는 100세가 넘었는데도 현역의사로 활동하고 있다. 1911년에 태어난 그는 지금도 환자들을 진료하고, 지속적인 강연과 250여 권의 건강서적을 출판해 일본 최고의 장수의학 전문가로 바쁜 나날을 보내고 있다.

또한 히노하라 시게아키 박사와 같은 해에 태어난 시바타 도요는 2010년 99세에 《약해지지 마》라는 시집을 출간해 158만 부가 팔려 화제가 되기도 했다. 시바타 도요는 허리가 아파 취미였던 일본무용을 할 수 없게 되어 낙담하고 있다가 외아들의 권유로 92세에 처음 시를 쓰기 시작했다. 그녀가 써낸 평범한 이야기가 초고령사회의 공포에 떨고 있는 일본인들을 위로하고 한국뿐만 아니라 미국까지 전해지고 있다. 그녀는 남편과 사별하고 혼자서 외로워도

'인생이란 언제라도 지금부터야, 누구에게나 아침은 반드시 찾아온다'라는 생각으로 아름다운 시를 쓰면서 평생 현역으로 살았다.

송해 씨, 전원주 씨, 강창희 전 부회장과 히노하라 시게아키 박사, 시바타 도요 같은 사례에서 볼 수 있듯이, 고령의 나이에도 자신이 좋아하는 일에 전념하며 현명하게 수입도 관리하고 아름답게 노후를 보낼 수 있다는 점에서 평생 현역이야말로 100세 시대에 최고의 노후 대비라 할 수 있다. 은퇴 설계 전문가들도 현재와 같은 저성장 시대에 최고의 노후 준비는 '몸값 재테크'라고 입을 모아 말하고 있다. 평생 일을 가지고 있는 것은 자랑스러운 일이다. 그 일을 즐길 수 있다면 인생은 더욱 더 풍요로워질 수 있다. 사람이 존경할 만한 가치가 있느냐 없느냐는 자신의 힘으로 생활해 나갈 수 있느냐 없느냐에 좌우된다는 탈무드의 말을 마음속에 새기면서 평생 현역으로 살아가도록 하자.

> 최고의 은퇴 준비는 최대한 오랫동안 일하는 것이다.
> 재테크 수익률에 신경쓰기에 앞서
> 자신의 능력과 전문성을 키워라.

02
나의 앙코르 커리어는
무엇일까?

경기도 가평과 강원도 춘천의 경계에 반달 모양으로 생긴 남이섬. 드라마 '겨울연가'로 더 유명해진 곳이다. 이 섬에는 매일 아침 8시면 어김없이 빗자루와 집게를 실은 전동차를 몰고 오는 할아버지가 계신다. 신명호(71) 씨. 14만 평 남이섬 곳곳을 누비며 쓰레기를 치우는 입사 4년차 청소부다. 그는 9년 전까지는 한 중학교 교장이었다.

지난 2003년 3월 경기도의 한 중학교 교장을 끝으로 만 62세에 정년 퇴임한 그는, 남이섬을 관리하는 업체에서 정년 80세를 보장하는 프로그램을 통해 합격했으며 2년 연속 최우수사원에 뽑히기도 했다.

"교장 선생님이 청소부 한다면 좀 쑥스럽지 않나요. 남이섬에는 옛 동료 교사나 제자들도 올 텐데요"하고 기자가 질문하자 "종종 만납니다. 그런데 전혀 어색하지 않아요. 일에는 귀천이 없는 법입니다. 더

구나 100세 시대에는요."

2011년 2월 12일 조선일보에 실린 청소부가 된 교장선생님에 관련된 기사내용이다. 60대 초반에 교장직을 떠난 뒤 '체면'을 버리고 청소부로 변신해 평생 현역으로 살고 있는 사례로 100세 시대를 준비하는 사람들에게 좋은 모델이 되고 있다.

고령자를 위한 미국의 비영리단체인 '시빅 벤처스Civic Ventures'의 설립자인 마크 프리드먼이 쓴 책 《앙코르》에는 '앙코르 커리어'라는 개념이 소개되었다.

그는 은퇴 이후 제2의 인생을 '앙코르 커리어'라고 정의한다. 사람들의 후반 인생은 본 무대보다 길고 빛나진 않지만, 여전히 관객들의 환호를 받으며 그들에게 감동을 선사해 줄 앙코르 무대와 같다는 것이다.

앞에 나온 신명호 교장선생님뿐만 아니라 주변에는 자신의 경험과 지식을 토대로 새로운 영역을 개척하고 의미있는 인생 후반부를 사는 사람이 적지 않다.

'앙코르 커리어'는 지속적인 수입원이 되고 삶의 의미를 추구할 수 있으며 사회적 영향력을 갖춘 인생 후반기의 일자리를 말한다. 앙코르 커리어의 특징으로는 다음을 들 수 있다.

앙코르 커리어를 만들기 위해서는 특정 연령이 될 때까지 기다리지 않고 인생의 새로운 단계를 적극적으로 개척해야 한다. 정년까지 채울 필요없이 새로운 기회를 찾았으면 과감히 새로운 길에 들어서라는 것이다.

또 앙코르 커리어는 더 나은 세상을 만드는데 나름대로 기여하면서 자신의 열정을 쏟을 수 있을 만큼 경제적인 보상도 있어야 한다. 그리고 일에만 얽매이지 않고 일과 자유가 결합되어야 한다.

내가 활동하는 전주 리더스클럽 운영진 중에 전영현 작가가 있다. 얼마 전에 ≪나랏말쌈과 얼굴≫이라는 책을 출간했다. 그는 20년간 다녔던 대기업에 과감히 사표를 내고 인생 모험가가 되었다. 퇴직은 큰 결심이었지만 어렵지 않았다고 한다. 회사를 사직하던 날 그는 오랜만에 기쁘다는 감정을 느꼈으며 하고 싶은 일을 마음대로 할 수 있다는 생각에 무척 흥분이 되었다고 한다. 그는 글자로 그리는 그림을 통해 '하나의 얼굴로 표현하는 건 어떨까'라는 생각으로 페이스 아트를 만들었다. 또한 미국에 가서 상담학 공부도 깊이 있게 하였다. 그의 앙코르 커리어는 페이스 아트이며 상담분야 전문가로서 인생 후반전을 멋지게 즐기고 있다.

대부분의 은퇴자들이 말하길 은퇴 후 경제적인 어려움보다 정신적인 공황이 더 무섭다고 한다. 평생 매달린 지식과 경험을 한순간에 사장시켜 버리고 그냥 놀아야 한다는 것을 받아들이기 어렵다는 것이다.

100세 시대를 살아가기 위해서는 수익과 보람이라는 두 마리 토끼를 잡을 수 있는 앙코르 커리어를 만들어 가는 것이 더욱 더 중요하다.

2015년 9월에 개봉한 영화 '인턴'은 우리나라 사회가 당면한 노인 재취업 문제를 다룬 영화로 200만 명 이상의 관객을 모으면서 미국을 제외하고, 우리나라에서 전 세계 흥행 1위를 차지했다고 한다.

영화는 30세 CEO가 운영하는 온라인 쇼핑몰 회사에 수십년 직장생활에서 비롯된 노하우와 나이만큼 풍부한 인생 경험이 무기인 70세의 인턴사원인 벤(로버트 드니로)이 시니어 인턴 프로그램을 통해 채용되면서 일어나는 에피소드를 다룬 내용이다. 영화를 보고나서 연륜에서 나오는 지혜와 젊은이의 열정이 만나 조직 성장을 이뤄낼 수 있는 모습을 볼 때 영화에서와 같이 시니어 인턴 프로그램 등 실버 세대 재취업에 대한 관심을 높였으면 하는 생각이 들었다.

"사랑하고 일하라, 일하고 사랑하라, 그것이 삶의 전부다." 주인공인 벤의 대사인데 많은 사람들이 벤을 롤모델로 삼아 70세의 나이에도 사랑하고 일하면서 나이들고 싶다는 생각을 많이 했으리라 본다.

> 나의 '앙코르 커리어'는 무엇인가?
> 자신있게 말할 수 있도록 40대 이전부터 준비해보자.

제2장 평생 현역, Yes

03
준비된 은퇴는 행복하다

독일의 위대한 작가 괴테가 ≪파우스트≫를 완성했을 때, 그의 나이는 83세였다. 세상에서 가장 많은 발명 특허를 출원한 발명가 토머스 에디슨 역시 1,093번째로 마지막 특허를 신청할 당시 나이가 83세였다.

르네상스 시대의 천재 예술가 미켈란젤로가 성 베드로 성당을 완성했을 때, 그의 나이는 89세였다. 당시 평균수명이 40~50대에 불과했던 것을 감안한다면, 노년을 훌쩍 지난 뒤에야 비로소 자신의 진가를 발휘한 셈이다.

이와 같이 배움에 대한 열정과 새로운 것에 대한 호기심으로 멋진 두 번째 인생을 시작한 사례는 많이 있다. 그들에게 나이는 단지 숫자에 불과했다.

은퇴 전부터 창업을 준비하여 크게 성공을 거둔 사례로 은행에서 모셨던 L부장님 사례가 있다. L부장님께서는 오랫동안 본부부서에 근무하면서 틈나는대로 각종 전문자격증을 취득하시고 재무관리나 경영관리 능력을 쌓는데 많은 노력을 하셨다.

부장님께서는 최고의 노후 대책은 '재미있게 자신이 하고자 하는 일을 즐기면서 하는 것'이라고 말씀하셨다. 퇴직 후에도 배움에 대한 열정으로 사업과 관련한 열관리기사, 소방기사 자격증 취득을 위하여 학원을 다니시고 인터넷 강의도 들으시면서 자격증을 취득하는 모습을 보았다. 또한 이론으로 배운 경영관리 노하우를 직접 경영하고 있는 영농법인 회사에 적용해 좋은 성과를 내고 있으며 사업을 안정적으로 운영하고 계시다. L부장님의 성공사례는 은행을 퇴직하신 선배님이나 후배들에게 좋은 모델이 되고 있다.

그럼 두 번째 인생을 멋지게 보내기 위해서는 어떤 일을 계획해야 할 것인가?

송양민 가천대학교 보건대학원장은 미래에셋증권이 발간하는 '은퇴와 투자'에 기고한 글을 통해 노년의 삶을 활기차게 해주는 일거리의 조건을 3가지로 제시했다.

첫째, 노후의 일거리는 '먹고살기 위해 해야 할 일'이 아니라, '스스로 할 때 즐거운 일'이다. 스스로 할 때 즐거운 일로서 가장 대표적인 것은 바로 자신이 현역 시절에 쌓아온 전문성을 활용해 사회에 봉사

하는 삶을 사는 것이다.

둘째, '끊임없이 자신을 발전시키는 일'을 찾는 것이다.

인간의 성장은 나이와 상관이 없기 때문에 우리 인생에서 성장은 계속되어야만 한다. 인간의 노화 과정은 오르막길을 오르는 것과 같아서, 학습이나 새로운 업무를 통해 계속 기어를 넣으면 심신이 건강하게 유지되지만, 기어를 중립에 놓아두는 사람은 급속도로 늙는다고 한다. 따라서 인생의 발전을 끊임없이 이끌어낼 수 있는 일을 선택하면, 그만큼 젊음도 오래 지속할 수 있다.

셋째, 다른 사람들과 계속 교류할 수 있는 일이다. 일반인들은 대체로 직장을 위주로 한 인간관계를 가지고 있다. 따라서 직장을 떠나면 '외딴섬'에 갇힌 것처럼 대부분의 인간관계가 끊어지고 사회적으로 고립되기 쉽다. 이런 때일수록 계속 일하면서 자신의 네트워크를 유지하거나, 혹은 새로운 일을 통해 또 다른 네트워크를 만드는 방법이 있다.

행복한 은퇴 생활을 위해서는 일과 여가, 현재와 과거를 균형있게 하면서 평생 현역으로 할 수 있는 일을 찾아야 한다.

그러기 위해서는 공부해서 실력을 갖추고 준비된 자세를 먼저 가져야 한다. 예를 들어 대학과 기술교육원에서 평생 학습을 하거나 새로운 기술을 배워서 관련 자격증을 취득한다든지, 자원봉사 활동을 펼치는 등 적극적으로 자기계발과 여가 활동을 즐기다 보면 취미와 여가가 직업으로 발전하는 경우도 많이 있다.

은퇴 준비가 단순히 돈을 모으는 것만을 의미하지는 않는다. 자신만의 취미를 개발하고 친구들을 사귀며, 봉사할 수 있는 대상을 찾고 건강을 유지하는 것 등이 모두 은퇴 준비에 포함된다고 할 수 있다.

> 건강하고 즐거운 인생 후반전을 살기 위해 준비하고
> 열심히 기회를 찾고 만들어라.
> 나이가 들어서 문제라고 생각하는 순간
> 열린 기회가 닫히게 된다.

04

평생 현역의 지름길
나만의 기술을 가져라

대체적으로 귀농·귀촌하면 농사짓는 것만을 떠올린다. 그러나 농촌살이에 농사말고도 단기간의 교육을 통한 기술 습득으로 새로운 모델을 제시한 경우가 있다.

완주군 용진읍에서 좋아하는 일을 즐기면서 새로운 직업으로 삼아 2막을 멋지게 살고 있는 한그루영농조합의 강태희 회장이 그 사례다.

강 회장은 해군으로 있던 25년 동안 배를 타고 항해하는 바쁜 생활을 보냈다. 그 후 해군본부로 발령이 나서 약간은 여유로운 생활을 하면서 퇴직 후 생활에 대해 많은 고민을 하게 되었다고 한다. 먼저 전역한 선배들이 연금에만 의존하며 할 일이 없어서 시간때우기식으로 등산을 다니는 모습을 보면서 '나의 미래 모습이 되면 안

한그루영농조합 강태희 회장

된다'고 생각하게 되었다. 그때부터 고향인 '완주에 내려가야겠다는 생각이 들었다'고 한다.

　퇴직을 10년 남겨둔 시점인 2002년, 완주에 땅을 매입하고 50여 가지의 나무를 심고 주말농장을 시작했다. 주중에는 대전에서 근무하고 주말에만 고향에 내려와 나무를 키우는 힘든 일을 시작하였는데 재미가 있었다고 한다. 퇴직 1년 전 주어지는 보직기간에는 아예 고향으로 내려와 다양한 교육을 받으면서 귀농단계를 밟아 나갔다. 1년 과정의 농업대학을 다녔고 조경전문가 과정, 생태문화 안내자 양성 교육, 지역 디자인 과정, 숲해설가 등의 공부와 자격증을 취득했다.
　그러던 중 6개월 과정의 목공기초 및 심화과정을 받게 되었고 수

료자와 함께 목공동아리 활동을 했는데, 그러면서 제작 의뢰를 받게 된 것이 법인이 탄생하게 된 배경이 되었다.

생활목공품을 만드는 한그루영농조합은 편백나무 목침, 도마를 비롯해 주걱, 참나무 장작 등 10여 가지 품목을 만드는데 대부분 완주 로컬푸드 직매장에 납품한다. 또한 귀농귀촌협의회 회장을 맡고 있어 예비귀농자들의 교육도 실시하고 학생들과 일반인을 대상으로 생활목공체험 교육을 통하여 제품 완성의 성취감과 함께 전문 직업의 동기부여도 하고 있다.

강 회장을 비롯한 5명의 직원들은 수요일을 휴무일로 하는 주 4일 근무를 하면서 표고버섯 농장과 블루베리 등의 고수익 농작물을 재배하고 평소 꿈꾸던 농촌 전원 생활을 만끽하고 있다. 강 회장은 휴일이면 어김없이 테니스코트에 나가고 있으며 틈틈이 기타 연주도 하면서 행복한 농촌 생활을 하고 있다. 마지막으로 '현역에 있을 때 꼭 예행연습을 먼저 해야 한다'고 퇴직을 앞둔 후배들에게 당부하였다.

최근 출간된 김경록 미래에셋은퇴연구소장의 책 ≪1인 1기≫에 보면, 과거에는 퇴직 후 인적자본에 3년을 투자해봐야 금방 세상을 떠나기 때문에 효율성이 없었지만, 이제는 3년을 투자하면 20년 이상을 써먹을 수 있는 세상이 되었다고 나온다. 전문성과 기술로 무장된 1인 1기는 고령화를 헤쳐 나갈 안전벨트가 된다. 또한 노후에 받게 될 연금과 기술에서 나오는 소득을 결합시키는 '반半연금 · 반

*기술'로 노후를 풍성하게 할 수 있는데, 일은 경제적 이득을 줄 뿐 아니라 건강, 여유 시간의 활용, 몰입, 유대의 확장 등 비경제적인 편익도 크게 준다고 했다.

그러면서 미국은퇴자협회AARP에서 발표한 노후에 유망한 추천 직업을 제시하였다. 환자 변호인(환자 권리, 프라이버시, 비밀, 환자 교육이나 지원 등 담당), 영양사(병원, 은퇴자 커뮤니티 등의 식단 계획 및 검정), 조경사, 고령자를 대상으로 한 피트니스 트레이너, 안마치료사, 회계사, 개인 금융 자문가 등이 그것이다.

최근 순창군 금과면에서 잘나가던 회사를 그만두고 3년 전 귀농

목이네 달코미 농장 김준태, 김은희 씨 부부

하여 딸기와 토마토 재배를 하고 있는 '목이네 달코미 농장' 대표 김준태, 김은희 씨 부부를 만난적이 있다.

 금과는 금 같은 과실이 열리는 질 좋은 황토 땅과 온화한 기후로 맛좋은 딸기로 유명한 지역이다. 부부는 서울에서 정보통신IT 회사와 전산 마케팅분야 회사에 다니던 맞벌이 부부였다. 거의 매일같이 이어지는 야근에 과도한 스트레스, 하나뿐인 아들마저 부모님에게 맡겨야 하는 생활을 하던 중 부인의 건강악화를 계기로 귀농을 결심했다고 한다. 귀농귀촌 박람회도 다니고 순창군에서 실시하는 귀농학교를 통하여 딸기재배 기술도 배우면서 관련 자료도 열심히 수집하고 많은 연구도 했다.

 순창군 귀농귀촌 지원센터를 통해 귀농상담부터 빈집 알선, 농경지 안내까지를 지원받고 시작한 딸기재배 일이 처음 해보는 농사일이라 쉽지는 않았다. 2년의 시행착오 끝에 올해는 만족스럽지는 않지만 상당한 소득을 올리고 있다. 부인이 회사에 다닐 때 담당한 마케팅 업무에서의 노하우를 살려 색다른 디자인으로 된 특별한 포장을 해서 택배서비스를 한 것이 매출증대에 큰 효과를 봤다. 딸기재배가 끝난 비닐하우스에서 여름 3개월 동안은 토마토 재배를 하여 토마토즙 판매를 하고 있다.

 부부는 마을주민과 어울려 동아리 활동을 하고 있는데 장구와 소고를 배우고 도자기 공예와 난타도 배우고 있다.

 "농사의 매력은 땅만 확보되어 있고 몸만 성하다면 평생 일터라는 장점이 있다. 각종 지원제도와 교육을 적극 활용하여 일반적인 논·밭농사보다는 과수와 시설 하우스로 품목을 정해 귀농·귀촌을 한다면 건강도 회복하고 삶의 여유도 즐길 수 있다"고 하면서 김준태 대표는 많은 사람들이 이런 기쁨을 나눌 수 있기를 바란다고 했다.

성급하게 은퇴한 후 막연한 생각만 하기보다는 시간이 걸리더라도 아이템을 찾다 보면 생각보다 넓은 시장이 보일 것이다.
완주의 강 회장 사례처럼 다양한 교육을 통해 사람도 만나고 정보도 듣고 기술을 익히다 보면 취미로 시작한 동아리 활동이 성공적인 2막으로 연결될 수도 있다.
또한 순창의 부부처럼 귀농 교육을 통해 영농기술을 배우고 초보자이지만 철저한 준비를 함으로써 시행착오를 줄이고 퇴직 전 회사에서 담당했던 업무지식을 활용한다면 성공적인 평생 일터를 만들 수 있다.

> 평생 현역으로 가는 지름길은 무엇인가?
> 나만의 기술을 갖는 것이다.

/ 05 /

40대 은퇴 후
생존을 위한 자기계발

　내가 부지점장으로 근무하던 당시 퇴직을 앞두고 계신 H지점장님께서 방문하셨다. H지점장님께 이곳까지 무슨 일 때문에 오셨는지 물어보왔다.

　"내가 여기 지점 옆에 있는 고시학원에서 공인중개사 강의를 수강하느라 다니고 있는데 급하게 처리할 업무가 있어서 잠시 들렀어. 작년에 1차는 합격했는데 올해 2차 합격을 위해 3개월 전부터 학원에 다니고 있어. 50살 넘어 공부하려니 머리에 들어오질 않아. 황 부지점장도 한 살이라도 젊었을 때 미리미리 준비해 놓길 바래" 하시면서 나가시는 뒷모습을 보니 현직에 계실 때 아무리 실력있는 지점장이었더라도 퇴직은 피할 수 없는 상황인지라 매우 안타까웠다.

40대 직장인들이라면 누구나 인생 2막을 걱정한다. 회사를 떠나는 선배들을 보면서 퇴직이 정말 남의 일이 아니다는 생각을 하게 된다. 퇴직에 대한 걱정과 앞으로 무엇을 해야 할지에 대해 심각하게 고민하게 된다.

자신의 미래는 스스로 준비해야 한다는 생각에 자기계발을 시작한다. 더 늦기 전에 대학원에 진학을 하기도 하고 앞선 사례와 같이 공인중개사와 같은 자격증을 준비하기도 한다. 외국어 하나쯤은 해야 한다는 생각에 영어학원에 등록하기도 한다. 하지만 자기계발을 위해 시간과 노력을 투자하지만 미래에 대한 불안감은 사라지지 않는다. 왜 그럴까? 그것은 자기계발 목표와 방법이 잘못되었기 때문이다. 자격증을 따고 대학원에 진학하거나 영어를 공부하는 것은 회사를 다닐 때 승진이나 이직 또는 직무역량을 높이기 위해서 필요한 자기계발이다.

40대의 자기계발은 은퇴 후 회사 밖에서도 살아남을 수 있는 능력을 키우는 것이어야 한다. 살아남고 경제 활동을 계속하기 위한 준비를 하는 것이 자기계발의 목표가 되어야 한다. 회사밖의 환경은 전문가들만이 살아 남는 곳이다. 전문성이 없는 퇴직자는 발 붙일 곳이 없다.

강창희 대표의 ≪당신의 노후는 당신의 부모와 다르다≫를 보면 직장인들에게 몸값을 높이는 방법에 대해 세 가지 방법을 제시하고 있다.

첫째, 조직에서 '오직 한 사람(only one)'이 되어야 한다. 조직 내에서 나 아니면 못하는 일을 한다면 회사원도 전문가가 될 수 있다.

둘째, 자기 브랜드를 만들어야 한다. 요즘 같은 시대에서 살아남기 위해서는 전문직이든, 샐러리맨이든 수천 명 중에서 자기 자신을 확실히 차별화할 수 있어야 한다. 자기 자신을 브랜드로 만들려면 윗사람에게 충성을 발휘하기보다는 자신의 일에 대해 남다른 로열티를 갖는 것이 중요하다.

셋째, 자기 특허 또는 지적 재산권을 만들어야 한다. 이는 곧 회사를 자신의 파트너로 삼는다는 뜻이다. 회사에 소속되어 월급을 받더라도, 회사에 많은 돈을 벌어주는 파트너가 된다면 아무도 섣불리 건드리지 못할 것이다.

직장에서 온리원이 되는 것은 전문가로 살아가는 것과 마찬가지이다.

나도 전북은행 본점에 근무하면서 12년을 리스크 관리부에서 근무한 경험이 있어서 '리스크 전문가'라는 말을 많이 들었다. IMF 이후 은행과 증권사 등 수많은 부실금융기관이 사라지면서 리스크 업무가 중요해졌다. 내가 근무하던 은행에서도 2000년에 리스크 관리부가 처음 만들어졌다. 그 당시 처음 만들어진 리스크 관리부에 근무하면서 어려웠던 리스크 관련 업무를 수행하기 위해 관련 연수를 받고 재무위험관리사FRM, 투자상담사, 선물거래사 등 관련 자격중을 취득했던지라 전문가라는 말을 들었다. 이로 인해 많은 리스크 관련 프로젝트를 성공적으로 수행했으며 리스크 업무가 안정화될 때까지 오랜 기간 같은 부서에서 근무하게 된 계기가 되었다. 지금은 영업 현장에 있지만 그때 리스크 전문가로 근무했던 경험이 중요한 의사결정을 하는데 크게 도움이 되고 있다.

미래 직업의 세계는 전문가와 비전문가로 나뉘게 된다. 전문가들을 찾는 사람이나 기업은 더욱 더 많아지고 전문성이 없는 사람들은 철저하게 소외당하게 된다.

보다 안정적이고 오래갈 수 있는 퇴직 후 삶을 준비하는 40대 직장인이라면 반드시 차별화된 전문성 개발을 목표로 자기계발 활동에 집중해야 한다. 회사밖에서의 생존은 누가 얼마나 전문성 개발에 노력했느냐에 따라 판가름나기 때문이다.

> 나는 무엇을 잘하는가?
> 나는 어떤 분야의 전문가로 성장하고 싶은가?
> 이 물음에 대한 대답이 40대 직장인들에게
> 가장 필요한 자기계발이다.

06

책 한 권으로
든든한 은퇴 준비를 하라

대중적인 글쓰기와 책쓰기 시대가 도래했다. 전문작가뿐만 아니라 대기업에 다니는 회사원, 주부들이 글을 쓰고 엮어서 책으로 펴내는 사람들이 많아지고 있다. 글을 잘 쓰는 법에 대해 알려주는 도서와 책쓰기 강좌도 많아졌다.

100세 시대에 불안한 중년 이후를 대비하여 살아온 인생을 정리하고 앞으로 나갈 준비를 하기 위해 책쓰기를 해야 한다는 주장도 많아졌다. 50세 중반 은퇴를 해야 하는 상황에 불안감을 느끼는 개인들이 책쓰기 작업을 통해 자기를 재발견하고 전문성도 쌓아갈 수 있다는 것이다. 지금은 돌아가셨지만 구본형 전 변화경영연구소장은 "직장인이라면 10년 이상 자신이 종사했던 분야에 대해 적어도 한 권의 책으로 남길 만한 의지를 갖고 있어야 한다"며 "그것이 향후 퇴직 이후에 하나의 대안이 될 수 있다"고 말했다.

전주에는 '리더스클럽'이라는 독서토론 모임이 있다. 2002년에 세 명으로 시작한 리더스클럽은 서울을 비롯한 20여 개 도시의 독서모임에서 벤치마킹 대상이 되고 있으며 대한민국 평생학습대상 학습동아리 부문 대상을 받을 정도로 유명한 독서토론 모임이다. 그 중심에는 같은 은행에서 근무하고 있는 유길문 회장이 있다. 유길문 회장과의 인연으로 나도 2005년부터 참여하여 활동하고 있으며 나에게 멘토 역할을 해주고 있다. 유길문 회장은 바쁜 직장 생활을 하면서도 ≪책향기 사람향기≫, ≪책쓰는 사장≫, ≪더 시너지≫, ≪된다 된다 책쓰기가 된다≫ 등 7권의 책을 출간했으며 TV에 출연하기도 했다.

유길문 회장은 자주 100－100－100 프로젝트를 이야기 한다. 그것은 100명의 독서토론과 100명의 저자 탄생, 100세까지 독서토론을 하자는 프로젝트이다. 아마도 유길문 회장의 리더십과 강한 열정, 회원들의 노력이 하모니를 이룬다면 그 꿈이 실현되리라 본다.

유길문 회장은 ≪책쓰는 사장≫에서 책을 써야 하는 이유로 자신의 책 한 권은 든든한 은퇴 자본이 된다고 했다. 책을 쓰면 인세 수입뿐만 아니라 강연, 코칭, 컨설팅 등 다양한 형태의 수입이 생길 수 있기 때문이다. 더불어 책을 쓰는 것은 숨어 있는 내 안의 보석을 캐내는 작업이며 최고의 자기계발이라고 하였다. 또한 내 이름으로 된 책을 쓰면 자신의 브랜드 가치가 상승해 전문가로 인정받게 되며 오랫동안 몰랐던 자신의 잠재능력과 가능성을 발굴할 수 있다고 했다.

최근 유길문 회장이 많은 시간을 투자하여 CEO 및 리더들을 대상으로 시너지를 내는 책쓰기 코칭을 하고 있는데 이 코칭을 통하여 100명의 저자 탄생 시기가 앞당겨질 것 같다. 나도 그동안 미뤄왔던 책쓰기에 대한 꿈을 12명의 리더들과 함께 6개월 동안 코칭 과정에 참여하면서 이 책을 저술했는데 책쓰기 과정이 인생을 살아가면서 가장 의미있고 가치있는 일이라는 것을 느꼈다.

시너지 책쓰기 코칭 1기 동기 12명 중 6명이 출간을 했으며 10명의 저자가 탄생하면 같이 여행을 가고 공동출판기념회를 하기로 했다.
리더스클럽 회원 중 벌써 40명의 저자가 탄생하였다. 평범한 주부부터 기업체 대표, 시의원, 강사, 독서코칭 전문가, 영어 선생님, 공무원 등 다양한 분야의 사람들이 저자로 탄생하고 있다.
글쓰기는 연령, 성별, 경력에 관계없이 누구나 할 수 있는 값싸고 편리한 지적 생활이다. 글쓰기는 인생이 매너리즘처럼 닳고 닳아 희미해져가는 노년에 새롭게 나를 발견하고 나를 개척하고 나를 내 인생의 주인공으로 등극시키는 최고의 공식이자 답이 될 수 있다. 용기를 갖고 실제로 써보는 게 중요하다. 쓰는 사람과 쓰지 않는 사람의 인생에는 상당한 차이가 있을 것이다.

> 지금 당장 책쓰기를 통해 행복한 인생 2막을 준비하라.
> 그러면 남은 인생을 평생 현역으로
> 즐겁고 활기차게 살아갈 것이다.

07

나의 경험
나의 노하우를 가르쳐라

40대에게 "당신은 은퇴 후 어떻게 살겠습니까?"라는 질문을 던졌을 때 곧바로 답이 나오지 않는다면 준비가 부족한 사람이다. 은퇴 후 선택의 기로에서 나의 취미와 관심과 재능이 어느 쪽에 잘 활용될 수 있을지 여러 사람에게 물어보고 검토하는 것부터 차근차근 준비를 해야 한다.

H은행 지점장 출신이었던 김 씨의 사례를 보자.

5년 전 은퇴를 한 그는 예금보험공사의 생활금융교육센터에서 근무를 하고 있다. 그의 직함은 서민 재무상담연구원의 이사이자, 국제로터리 연수위원이기도 하다. 그의 한 달 스케줄은 전국 초·중·고교의 강연 일정으로 빼곡히 채워져 있다. 전국을 돌며 그가 하는 일은 생활금융 교육을 하는 일, 그리고 생활금융센터에서 부채상담을 하는 일이다.

　올해로 59세인 그는 200만 원 이상의 수입이 있기에 국민연금을 수령하지 않고 있다. 그는 '은퇴는 준비하는 자의 것'이라며 '후배 은행원들 중에 노후에 대한 준비 없이 막연한 걱정만 하는 친구들이 안쓰럽다'고 한다. 그가 후배 은행원들에게 요즘 가장 많이 하는 충고는 금융 관련 자격증을 취득하라는 것이다.

　그리고 그가 강조하여 말한 한 가지는 "지점장 시절 아무리 잘 나가도 딱 1년만 지나면 연락이 다 끊깁니다. 끈 떨어진 선배에게 전화하는 후배는 없습니다. 스스로 다양한 모임을 찾아다니며 사람들과의 관계를 유지해야 합니다"였다.

　2014년 5월 29일에 이데일리에 나왔던 기사이다. 5년 전 은퇴를 한 그는 재직 시절부터 은퇴를 준비한 탓에 후배들이 부러워하는 선배 1호가 되었다.

　은퇴 후에도 계속하여 일을 하는 사람들을 살펴보면 대부분 은퇴 전부터 자기 특기를 만들고 자기 일을 준비해 왔던 사람들이다. 현재 내가 하고 있는 일이나 좋아하는 일을 배우면 좋다. 은행에서 근무한다면 공인중개사나 손해사정인, 신용상담사 자격증을 따거나 경찰이라면 경비지도사 자격증을 따면 좋다. 사람 만나는 일을 좋아한다면 상담사 공부를 하고 여행을 좋아한다면 관광가이드가 되는 교육을 받고 손재주가 있다면 요리나 미용을 배우는 것도 좋다.

이와 더불어 베이비붐 세대는 젊은 세대들이 절대 가질 수 없는 경험과 경륜이라는 막강한 무기가 있다. 현대사회는 젊은이들만으로 이끌어 갈 수 없다. 그동안 경험했던 인생 경험과 노하우를 후배들에게 적극적으로 알려야 한다. 오랜 경험을 생산적으로 활용할 수 있도록 남들이 이해할 수 있는 수준으로 블로그 등 인터넷 공간에서 표현한다면 기회를 쉽게 잡을 수 있을 것이다.

나도 2015년 7월에 금융감독원에서 추진하는 1사 1교 금융교육 프로그램의 일환으로 본점에서 실시한 금융경제교육 전문강사 양성 과정에 참여했다. 과거 본점에서 근무할 때 3년 정도 초등학교와 고등학교에 나가서 금융경제교육 강의를 했던 경험이 있는데 다시 한 번 연수를 통해 금융경제교육을 할 수 있는 기회를 만들고 싶었다. 교육이 끝나고 순창 복흥초등학교에서 3년 동안 총 12시간의 금융경제교육을 하였는데 아이들이 게임도 하면서 좋아하는 모습을 보고 많은 보람을 느꼈었다.

앞으로 내가 근무하는 지점 인근 학교를 대상으로 금융경제교육도 하면서 마케팅도 하고 은퇴 이후 금융경제교육 강사로 활동할 수 있는 꿈도 설계해본다.

미국의 경영 컨설턴트 밴 크로치Van Crouch는 그의 저서 ≪아무 것도 못 가진 것이 기회가 된다≫에서 '노인'의 정의를 다음과 같이 했다.

2016년 순창 복흥초등학교에서 금융경제교육을 마치고

① 스스로 늙었다고 느낀다, ② 배울 만큼 배웠다고 느낀다, ③ "이 나이에 그깟 일은 뭐 하려고 해!"라고 말한다, ④ 내일을 기약할 수 없다고 느낀다, ⑤ 젊은이들의 활동에 아무런 관심이 없다, ⑥ 듣는 것보다 말하는 것이 좋다, ⑦ 좋았던 그 시절을 그리워 한다.

요즈음 같은 100세 시대에 자기 스스로 노인이라고 생각하는 사람이 얼마나 될까? 현재 법령상 65세를 노인이라 정의하고 있는데 70세로 상향하는 것이 검토되고 있으며, 아마도 80세 이전에는 노인이라고 생각하는 사람들이 거의 없을 정도로 건강하게 살아가는 사람들이 많아질 것이다.

기억력의 감퇴나 체력의 저하 등 생리적 노화증상을 느끼는 것은 피할 수 없는 일이다. 하지만 이제는 제2의 인생이 너무나 길어졌다. 팔을 걷어 붙이고 다시 시작해야 한다. 제1의 인생이 성공이란 목표를 위해 땀을 흘린 시기라면, 제2의 인생은 삶의 의미를 찾기 위한 새로운 여정이라고 할 수 있다. '야구는 9회 말부터, 축구는 후반전부터'라는 말도 있지 않은가?

아무것도 없는 시대에 태어나 가장 많은 공부를 했고 가장 치열하게 경쟁했던 베이비붐 세대 덕분에 우리나라는 세계인들이 놀랄 정도로 빠른 성장과 엄청난 성과를 거두었다. 당신의 지혜와 경험을 무의미하게 사라지게 하지 말고 후배들에게 전달한다면 지금까지 쌓아온 성과만큼이나 우리나라 발전에 큰 힘이 될 것이다.

> 당신의 경험과 노하우를 후배들에게
> 가르칠 수 있는 기회를 만들어라.
> 그러면 100세 인생이 즐거운 축제가 될 것이다.

건강이 있는 곳에 자유가 있다.
건강은 모든 자유 가운데 으뜸이다.

— 앙리 아미엘

제3장

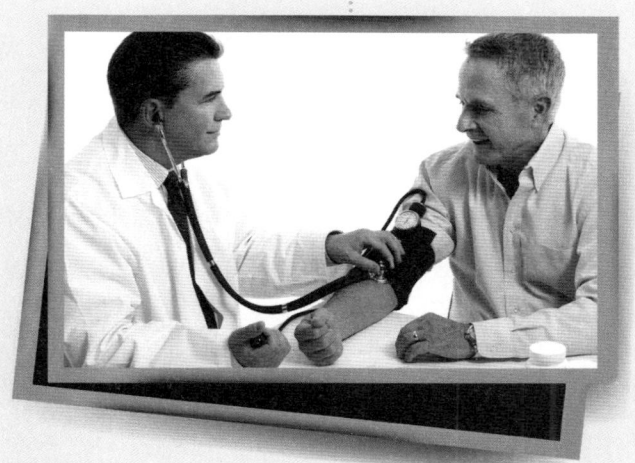

건강관리
Yes

01
평균수명보다 건강수명이 중요하다

'나이 70이면 아직 어린아이에 불과하고, 80이면 청년이다. 90세가 되어 하늘의 부름을 받거든 100세까지 기다려 달라고 돌려보내라. 우리들은 나이가 들수록 의기가 성해지고 자식들에게 기대지도 않는다.'

세계적인 장수촌인 일본 오키나와 현 북부 오기미 마을 앞 비석의 문구이다. 일본 후생성에 따르면 오기미 마을이 인구 10만 명당 100세 이상 노인이 28.7명으로 세계 제1의 장수촌이라고 발표했다. 이 지역은 비타민 C의 보고인 토종감귤의 주산지라서 과일·녹황색채소 섭취를 타지보다 3배 많이 섭취하고, 돼지고기 섭취량이 다른 지역 사람들보다 3배 정도 높고, 두부같은 콩류는 1.5배가 높은 것으로 밝혀졌다. 또한 이들은 사회 활동을 왕성하게 하여 외롭지 않으며 고령의 노인들도 일감을 만들어 공동 작업을 하고 있다. 이 지역의 장수 비결은 사계절 일할 수 있는 자연환경과 건강한 식습관이었다.

　내가 지점장으로 근무하고 있는 순창군도 2003년에 미국 타임지에 한국을 대표하는 제일의 장수 고장으로 선정된 바가 있을 정도로 장수 고장이다. 자연이 허락한 좋은 물과 고추장, 복분자 등 자연의 맛을 그대로 간직한 지역 특산품이 많은 청정 장수지역이다. 100세가 넘은 어르신은 총 14명이나 되는데 그분들의 특징은 손을 놀리지 않고 농사일도 거들면서 일을 꾸준히 하고 계시다는 것이다. 또한 집성촌이 형성되어 있어 주변 사람들과 의지하며 살 수 있는 토양이 마련되어 있다.

　순창군에서는 최근 의욕적으로 추진하고 있는 블루오션 분야가 있다. 건강장수 분야로 건강장수 특구지정을 받았으며 건강장수 연구소를 만들어 건강한 밥상 개발과 2009년부터 전국을 대상으로 머물며 체험할 수 있는 다양한 건강생활 실천 노후 설계 힐링 프로그램을 만들어 전국적으로 관심을 끌고 있다. 순창은 맑은 물과 풍부한 토양이 빚어내는 먹거리가 많아 건강한 삶이 가능한 복받은 지역에 속한다.

　최근 100세 이상 천수를 누리는 사람이 늘면서 인간이 최대 몇 살까지 살 수 있느냐에 관심이 모아지고 있다. 인간 수명은 그동안 논란이 많았지만 과학자들이 추정하는 수명은 120~125세로 의견이 모아진다.

그런데 지금 중요한 것은 단순히 '얼마나 오래 사는가'가 아니라 '얼마나 건강하게 오래 사는가'인 '건강수명'이다. 일본은 세계 최장수국이지만 병원에서 지내는 장수 인구가 매우 많다고 한다. 2,000만 명을 넘어선 65세 이상 노인 중 100만 명(5%)이 치매와 노인병 때문에 병원에 누워 있으며, 우리나라도 머지않아 일본과 같은 상황에 이를 가능성이 높다고 본다.

'평균수명'이 사람이 태어나서 향후 생존할 것으로 기대되는 평균 생존연수라면 '건강수명'은 질병이나 부상으로 고통받은 기간을 제외한 건강한 삶을 유지한 기간을 의미한다. 통계청이 발표한 한국인의 평균수명(2012년 기준)은 81.4세, 건강수명은 평균수명보다 8.4년 짧은 73세로 나타났다.

평균수명과 건강수명 간의 격차가 줄어들지 않는 이유가 건전하지 못한 식습관, 음주, 흡연, 고혈압 등 나쁜 생활습관이 건강수명을 크게 갉아 먹고 있기 때문이라고 전문가들이 지적했다.

최근에 읽었던 박상철·이길여 암·당뇨연구원장의 책 《당신의 백년을 설계하라》에 보면 박 원장이 수많은 백세인들을 만나면서 공통점을 발견했는데, 바로 끊임없이 움직이며 산다는 것이다.
100세 나이에도 여전히 낮에는 밭에서 일하고 밤에는 글을 읽거나, 새로운 사물을 보며 시상을 떠올려 시를 짓고, 심지어는 아직도 산에서 나무를 하며 장작을 패기도 한다. 그러니 노년에도 자식들이나 주변의 눈치를 볼 필요도 없이 당당하게 살아간다는 것이다. 그러면서 백세인처럼 당당하게 사는 비결을 5가지로 꼽았다.

1. **빈둥대지 말고 항상 움직여라 운동** : 용불용설의 주장처럼 몸은 자주 사용해야 잘 발달한다.
2. **삼시 세끼는 칼같이 지켜라 영양** : 몸에는 일정한 리듬이 있다. 따라서 규칙적인 식습관은 매우 중요하다.
3. **친구를 많이 만들어라 관계** : 친구가 많으면 노년의 외로움도 거뜬히 이겨낼 수 있다. 백세인들의 주변에는 늘 사람들이 끊이질 않는다.
4. **호기심을 갖고 항상 배워라 배움** : 창조적인 활동은 정신적 자극을 통해서 비롯된다. 백세인들은 호기심이 많아 항상 묻고 머리를 쓴다.
5. **무엇이든 참여하고 함께 나눠라 참여** : 나이가 들어서도 베풀기를 실천하는 사람들이 있다. 봉사 활동도 적극적으로 참여하면서 삶의 보람과 즐거움을 동시에 추구한다.

100세를 살아가는 사람들의 공통점은 스스로 건강하다고 느끼고 집안일이나 동네일에 적극 참여하는 생활패턴을 유지하고 있다. 잘 자고 잘 먹고 활발하게 움직이면서 규칙적이고 건강한 생활패턴을 유지하는 것이 당당한 노년을 살아가는 비결이다.

건강한 장수는 병실에 누워서 100년을 의미 없이 사는 것이 아니라 건강을 유지하고 삶의 품격을 지키면서 사는 것이다.

평소에 실천하면 좋은 생활습관

금연, 절주하고 수면과 식사시간을 규칙적으로 하라.
스트레스를 피하고 낙천적으로 생각하라.
아침식사를 거르지 말고 음식물은 오래 씹어 천천히 먹어라.
채소를 매주 5회 이상 충분히 먹고, 물은 하루에 2리터 이상 마셔라.
유산소 운동을 매일 30분 이상, 주3회 이상 하라.

건강하게 장수하면서 당당한 노년을 보내려면 적당하게 몸을 움직이고 적절하게 먹고, 배우자·자녀·이웃과 좋은 관계를 유지하고 끊임없이 배우기에 힘쓰며, 봉사 활동이든 뭐든 참여하면 건강하게 장수할 수 있다.

02

100세 건강
많이 움직이고 크게 웃어라

내가 부지점장으로 근무할 때 거래하던 한 신협 이사장님과 점심식사를 한적이 있다. 20년 전 은행 본점에서 같이 근무해서인지 옛날 이야기를 하면서 즐겁게 식사를 했다. 그 당시 이사장님께서는 운동을 좋아해서 직원들과 매주 금요일 새벽 대학교 운동장에서 농구를 했다. 그때는 새벽에 일어나는 것이 무척 힘들었지만, 건강을 유지하면서 즐겁게 근무할 수 있었던 원동력이 되어준 것 같다. 세월이 많이 지났어도 여전히 건강한 모습이어서 건강비법을 물어봤다.

올해 65세인 이사장님께서는 지금도 매주 신협 직원들과 2번 정도는 배드민턴을 하고, 자주 걷고 하루 세 끼 잘 먹는 것이 건강비법이라고 하셨다. 이사장님께서는 젊었을 때부터 길러온 운동습관과 긍정적인 마인드로 60대임에도 불구하고 건강한 인생을 살고 계셨다.

일반적으로 노후를 준비하는 사람들은 연금이나 보험에 가입한다. 그러나 가장 중요한 내 몸 건강을 위한 노후 준비는 미처 생각하지 못하는 경우가 많다.

고장난 자동차라도 잘 수리하면 새 차처럼 쓸 수 있듯이 내 몸도 잘 고치면 거의 새 몸처럼 쓸 수 있다. 자동차와 다른 점은 차는 마음에 안 들면 폐차시키면 되지만 내 몸은 마음에 안 들어도 버릴 수 없다는 것이다.

2장에서 소개했던 105세의 '슈퍼 할아버지' 히노하라 시게아키 박사의 장수비결을 소개하고자 한다. 그는 건강하게 장수하기 위해서는 식사, 습관, 마음의 삼위일체가 이루어져야 한다고 했다.

식사 때 음식은 검소하게 먹어야 되는데 동물성 지방, 설탕, 소금 섭취는 가능한 줄이고 우유나 작은 생선, 콩류, 야채 등을 매일 먹는다고 한다.

좋은 생활습관으로는 잘 움직이기, 잘 먹기, 잘 쉬기를 실천하라고 했다.

걷기는 근육을 단련시키고, 심장과 폐의 기능을 강화하고 뇌의 노화를 방지하는 효과가 있다. 그는 지금도 1주일에 1~3회 출장을 다니는데, 역이나 공항에서 6~8kg의 짐을 들고 항상 걸어다닌다고 한다.

그는 나이가 들수록 마음가짐이 중요하다고 하면서 장수비결은 신체보다 정신건강 유지에서 찾아야 한다고 했다.

운동은 젊어서부터 습관화되어야 한다. 나이가 들어서 운동을 시작하는 것은 정말 어렵다. 운동을 꾸준히 하면 혈관에 쌓인 노폐물이 제거되면서 혈관질환이 사라지고 고혈압과 뇌졸중의 위험이 줄어든다. 골다공증도 예방할 수 있으며 우울증에 빠질 수 있는 노년기에 자신감을 제공한다.

김철중 조선일보 의학전문기자는 미래에셋이 발간하는 '은퇴와 투자'에서 자투리 시간이 건강을 만든다고 하면서 일상에서 잠깐의 여유 시간을 활용해 건강을 다지는 노력이 진정한 웰빙 라이프라고 했다. 그러면서 건강을 위한 행동은 카드 포인트와 같아서 하면 할수록 누적효과가 있어 몸을 건강하게 만든다고 했다. 그가 소개하는 5분 정도 투자해서 큰 효과를 얻는 방법을 소개한다.

첫째, 계단 오르기. 심장과 근육과 뼈를 위한 가장 좋은 운동이다. 1주일에 20층 이상의 계단을 오른 사람은 다른 사람에 비해 심근경색 등으로 사망할 위험률이 20% 이상 줄었다.

둘째, 작은 유머에도 박장대소하기. 크게 소리 내 웃으면 면역력이 증진되고 산소 섭취량도 늘어난다. 하루 3분간 크게 웃으면 10분간 보트의 노를 저은 것과 같은 효과가 있다.

셋째, 잠시 일손을 놓기. 95%의 사람들이 일을 하면서 무의식적으로 어깨를 긴장시키고 이마에 힘을 준다. 잠시 손을 무릎에 얹고 명상에 빠지는 행동만으로도 몸이 이완되어 스트레스 호르몬 분비를 낮출 수 있다.

넷째, 사무실에서 자주 움직이기. 컴퓨터 앞에서 4~5시간씩 계속 앉아서 일하는 사람은 수면장애, 당뇨병, 고혈압 등에 잘 걸린다. 복사하기, 팩스 보내기 등 간단한 일들은 자신이 직접 해야 굳어진 근육이 풀어진다.

다섯째, 아침에 일어나 척추 스트레칭 하기. 근육과 관절 유연성이 좋아져 신체 활력을 얻는다. 저녁에는 목 스트레칭을 하라. 컴퓨터 작업에 시달린 목은 굳어 있기 마련이다. 머리를 잡고 여러 방향으로 15초간 목 근육을 쭉 펴는 자세를 유지해야 한다.

누구나 건강하고 젊게 살려는 웰빙 라이프를 희망한다. 그러나 시간과 돈이 없다고 핑계를 댄다. 값비싼 보약과 스파, 요가를 즐기는 것만이 웰빙은 아니다. 이제는 건강하게 오래 살기 위해서 노년의 건강을 대비하는 헬스테크$^{health-tech}$가 필요한 시기이다. 재테크로 그동안 모아 놨던 돈이 중병에 걸리면 한순간에 나가버릴 수도 있다. 젊은 나이에 보험에 가입해야 보험료가 싸듯이 헬스테크도 가능한 한 젊은 나이에 시작하는 것이 좋다.

> 이제는 재테크보다 중요한 헬스테크를 시작하라.
> 계단만 보면 올라야 하고 자주 웃고 자주 움직여라.
> 몇 초 몇 분의 자투리 시간이 모여 평생 건강을 만들 수 있다.

03

청춘 100세 몸만들기
당장 3가지부터 실천하라

내가 근무하는 장수 고장 순창군에서는 2005년부터 상수上壽(100세)를 맞이한 주민에게 천수패를 수여해 왔다. 천수패 내용은 다음과 같다. '어르신께서는 신체적으로나 정신적으로 건강하게 백수를 누리시어 모든 이들에게 삶의 바른 태도를 보여주시기에 깊은 존경과 감사의 마음을 담아 천수패를 드립니다.' 건강하게 백수를 누리신 분들의 공통적인 특징으로는 꾸준한 일자리와 규칙적인 생활, 오염되지 않은 자연환경, 이웃 간의 교류를 통한 친목 도모, 규칙적인 식생활과 소박하지만 건강한 밥상이라고 하였다.

30~40년 전만 해도 55세가 넘으면 노인으로 취급했다. 그러던 것이 얼마 전엔 65세부터 노인이라고 하였고, 최근에는 75세부터 노인이라 부르자는 캠페인까지 벌어지게 되었다.

최근 UN에서 전 세계 인류의 체질과 평균수명에 대하여 측정한 결과, 연령 분류의 표준에 새로운 규정을 만들어 사람의 평생 연령을 5단계로 나누어 발표했다. 0~17세는 미성년자, 18~65세는 청년, 66~79세는 중년, 80~99세는 노년, 100세 이후는 장수 노인이라고 하였다. 나이드는 것에 대한 위로가 되면서도 한편으로는 장수로 라이프 사이클이 바뀌어 가고 있음을 단적으로 보여주는 분류라고 할 수 있다.

숫자는 어디까지나 숫자일 뿐이고 80세지만 몸과 마음이 건강하다면 굳이 노인이라고 생각하고 행동할 필요는 없다. 매년 건강검진 결과가 좋지 않게 나왔다고 하더라도 초조하고 불안해하는 것은 스스로의 삶을 얽매는 것이라고 할 수 있다. 무엇보다 편안한 마음을 유지하는 것이 건강하게 오래 사는 비결이다.

삼성서울병원 최윤호 건강의학센터 교수는 '100년 동안 쓸 몸은 암이나 성인병으로부터 내 몸을 보호하고 내가 좋아하는 일을 열정적으로 수행할 수 있는 몸을 만드는 것'이라며 건강하고 젊은 몸을 만들기 위해 다음과 같은 3가지를 실천하라고 조언했다.

첫째, 혈압, 혈당, 콜레스테롤 등 세 가지를 낮출 계획을 짜라. 세 가지 수치가 높으면 고혈압, 당뇨병, 고지혈증이라는 3대 성인병이 생긴다. 개선이 필요하다고 생각되는 부분이 있다면 얼마까지 수치를 낮추겠다는 계획을 수립한 후, 올해 건강검진 결과와 비교한다.

둘째, 최소 주 3회 유산소운동을 하라. 운동은 생기있고 탄력있는 몸을 만드는 데 중요하다. 근력, 심폐지구력, 유연성을 체력의 3요소라고 한다. 만일 일주일에 4번 운동을 한다면 2번은 근력운동 나머지 2번은 유산소운동을 시행하고, 스트레칭은 운동을 할 때마다 매번 하는 것도 좋은 예가 될 수 있다.

셋째, 젊음과 건강의 상징인 허리둘레를 줄여라. 허리둘레는 '인격'이라는 우스갯소리도 있지만 젊음과 건강의 상징이다. 아름다움과 젊음과 건강은 정확하게 일치한다. 만일 허리둘레가 남자는 36인치, 여자는 32인치가 넘는다면 운동과 식이요법을 통해 허리둘레를 줄이는 것으로 목표를 설정해야 한다.

'세살 버릇이 여든까지 간다'는 속담이 건강장수에도 그대로 적용된다. 최근 한 연구는 어렸을 때부터 시작해 노인이 될 때까지 오랫동안 식이섭취를 조사했는데, 9세 이전에 칼슘 섭취를 많이 한 사람이 그렇지 않은 사람보다 노인이 되었을 때 더 튼튼한 뼈를 유지하는 것으로 나타났다. 이와 같이 수십년 전의 생활양식이 노년기의 건강 및 장수에도 영향을 미칠 수 있다는 사실이 과학적으로 입증되고 있다.

이 같은 사실을 생각한다면 노년을 눈앞에 둔 40~50대의 중년 직장인들이 본인의 건강관리에 지금부터 신경을 쓰는 것은 결코 빠른 일은 아니다.

현재까지 알려진 바로는 장수하는데 유전적 요인이 최소 20~30% 정도 기여한다. 나머지 70~80%는 후천적 또는 환경적 요인이라고 할 수 있다. 이들 환경적 요인으로는 공해, 정신적 스트레스, 신체활동, 식습관 등 우리 생활의 거의 모든 부분이 관계한다.

그렇다면 건강 장수를 위해 우리가 할 수 있는 일은 무엇인가? 그것은 바로 식습관, 운동습관, 금연과 절주 등 올바른 생활습관을 갖는 일이다. 건강관리는 자신이 스스로 해야 하는 것이지 남이 절대로 대신할 수 없다. 젊음을 유지하고 장수하기 위해 특별한 비결이나 불로초를 기대할 수는 없다. 스스로 건강한 미래를 만들기 위해 노력하는 사람에게 건강과 장수의 축복이 있을 뿐이다.

청춘 100세
건강하고 젊은 몸을 만들기 위해 실천할 3가지 Tip
1. 혈압, 혈당, 콜레스테롤 등 세 가지 수치를 확인하라.
2. 운동으로 생기있고 탄력있는 몸을 만들어라.
3. 젊음과 건강의 상징인 허리둘레를 줄여라.

04

장수의 기본
육식은 적게 채소는 많이 먹어라

　최근 장수 유전자로 화제가 되고 있는 시르투인 유전자, 인간의 생명력을 담당하는 이 유전자의 스위치를 켜기 위한 조건은 다름 아닌 '공복'이다. 즉, 공복상태가 아니면 이 장수 유전자는 작동하지 않는다. 하지만 우리는 배가 고프지 않아도 때가 되면 식사를 하게 된다. 지금 우리는 너무 많이 먹고 있다. 이러한 포식에 인간의 몸은 대응할 수 없기 때문에 여러 가지 폐해가 일어나고 있는 것이다. '1일 1식'을 하면 신체 중 아픈 부분이 회복되고, 적정 체중을 유지하며, 피부도 매끄러워진다.

　일본에서 '1일 1식'으로 화제를 불러일으키며, 사람들에게 '나구모식 건강법'을 전파하고 있는 나구모 요시노리의 ≪1일 1식≫에 나온 내용이다. 이 책을 통하여 10년 동안 하루 한 끼를 먹어온 저자는 자신의 체험과 의학적 근거를 통해 하루 한 끼 먹는 방법이 우리 몸에 맞는 가장 최적의 식사법임을 밝혔다. 우리가 너무 많이 먹고 있어서 이와 같은 책이 베스트셀러가 되지 않았나 생각된다.

과거 가난했던 시절 '쌀밥에 고깃국'은 생일날이나 명절날 먹을 정도였으나 경제 발전에 따른 풍족한 생활은 식생활에 큰 변화를 가져왔다. 우리 식탁에서 동물성 식품이 차지하는 비율이 크게 증가하여 현대인은 비만과 고혈압, 당뇨병, 고지혈증 등 각종 성인병을 걱정하게 되었다.

이처럼 서구화된 식습관 속에서 복부와 내장에 체지방이 축적되어 비만에 걸리게 되며 40대 이후 비만은 평균수명 단축의 원인이 되기도 한다. 이를 예방하려면 살을 찌게 하는 고칼로리, 고지방 식품을 줄이고, 건강에 좋은 고단백, 고섬유질 식사로 대치하는 식습관을 가져야 한다. 생선류, 잡곡류, 채소 등의 섭취를 늘리고 조리 방법에 있어 튀기거나 볶는 것은 피하도록 한다.

과일과 채소는 암과 각종 질환을 예방하고 치료하는데 좋다. 야채와 과일을 섭취하면 몸에 해로운 활성산소를 막아주고 손상된 세포를 재생시켜 각종 질병과 노화를 방지해 주는 효과가 뛰어나다.

과일과 야채에는 다양한 비타민과 섬유질이 천연재료로 최적의 배합을 이루고 있다. 형형색색 과일과 야채는 자연이 인간에게 선사하는 최고의 종합 영양제이며 그 자체로 완벽한 영양의 균형을 갖추고 있다.

미국 암협회에서는 '5 A Day'라는 캠페인을 통해 하루에 5가지 색깔의 채소와 과일을 매일 섭취하면 절대로 암에 걸리지 않는다는 사실을 알리고 있다. 미네랄, 비타민, 식이섬유가 풍부하게 포함된 색깔있는 채소와 과일을 충분히 섭취하여 균형있는 영양상태를 유지해야 한다.

세계 장수 지역에서 장수인 식단의 공통점은 채소류의 섭취에 있는데 채식의 장점은 다음과 같다.

첫째, 신체와 혈관의 노화를 촉진하는 콜레스테롤을 낮추는 효과가 있다.

둘째, 암 발생위험을 줄여준다. 채소류에 많이 들어 있는 엽록소는 암 돌연변이를 억제해주는 기능을 가지고 있다. 특히 채소류의 녹색이 짙을수록 암 억제효과가 높아 녹황색 채소의 섭취 비중이 많아지고 있다.

셋째, 혈압을 낮춘다. 채소 섬유소가 혈관 기름때를 서서히 녹여 혈관을 넓혀준다.

넷째, 골다공증 위험도 줄여준다.

아시아인들이 서양인에 비해 심장질환이 적게 걸리는 이유는 돼지고기, 소고기와 지방이 많은 유제품을 적게 섭취하고 도정하지 않은 곡물, 콩, 채소, 과일, 생선 등을 많이 섭취하기 때문이다.

건강하려면 소육다채少肉多菜를 해야 한다. 육식은 적게, 채소는 많이 섭취하라는 뜻이다. 장수하는 사람들이 실천하고 있는 소육다채야말로 건강을 유지하는 방법 중 첫 번째이다.

고기든 채소든 내가 먹고 싶은 것을 먹는 것이 중요하다. 먹는 즐거움조차 고민해야 한다면 그것도 스트레스가 되기 때문이다. 하지만 100세 시대 건강하게 맛있는 것을 오랫동안 즐기려면 지금까지의 식생활을 돌아보고 개선해 나가도록 한다.

건강 10훈

1. 소육다채少肉多菜 : 육식은 적게, 채소는 많이 섭취할 것
2. 소식다작少食多嚼 : 식사량은 적게, 대신 많이 씹을 것
3. 소염다초少鹽多酢 : 염분은 적게, 식초는 많이 섭취할 것
4. 소의다욕少衣多浴 : 옷은 얇게, 목욕은 자주 할 것
5. 소번다면少煩多眠 : 근심은 적게, 잠은 많이 잘 것
6. 소욕다시少欲多施 : 욕심은 적게, 많이 베풀 것
7. 소당다과少糖多果 : 설탕은 적게, 과일은 많이 섭취할 것
8. 소차다보少車多步 : 자동차는 적게 타고, 많이 걸을 것
9. 소언다행少言多行 : 말은 적게, 실행은 많이 할 것
10. 소노다소少怒多笑 : 화는 적게 내고, 많이 웃을 것

자료 : 동의보감

05

스트레스는 줄이고
긍정적인 마인드는 늘려라

내가 살고 있는 아파트 뒤에는 인후도서관이 있고 그 뒤로 인후공원이 있다. 내가 10년 이상 주말에 다른 일정이 있는 경우를 제외하고 빠지지 않고 이용하는 쉼터공간이다. 이곳에 가면 1시간 30분 정도 걸을 수 있는 나만의 산책코스가 있다.

내가 이곳을 자주 이용하는 이유는 마음이 무척 편해지기 때문이다. 나뭇잎 사이로 부서지는 햇살, 이리저리 흩어지는 낙엽, 풀꽃과 다람쥐, 조용히 앉아 푸른 숲을 바라만 보고 있어도 더없이 행복해짐을 느낀다. 4계절의 변화를 이곳에서 느끼며 일주일간 받았던 스트레스를 해소하고 나만의 시간과 공간을 이용하여 지친 몸과 마음을 치유하고 회복시킨다. 눈으로 직접 보는 숲의 아름다움, 자연의 소리, 어느 값비싼 향수도 흉내낼 수 없는 특유의 향긋함, 이 모든 것을 즐기면 마음과 정신까지 건강해진다.

최근에 와서 다시 의학은 눈부시게 발전하고 있지만 각종 질병으로 고통 받고 있는 사람들은 아직도 많이 있다. 이러한 원인으로 현대 의학계에는 '스트레스로 인해 모든 질병이 시작된다'라고 한다. 스트레스를 받으면 초조, 걱정, 근심 등의 불안 증상이 발생하고 점차 우울 증상으로 발전할 수 있기 때문이다. 스트레스는 초기 단계부터 관리하는 것이 매우 중요하다.

그러면 온갖 스트레스에서 벗어날 수 있는 방법은 무엇일까?
그것은 우선 본인이 즐거움을 얻을 수 있는 취미를 가져보는 것이다. 보통 많은 직장인들이 이직이나 높은 연봉을 받기 위해 스펙을 쌓아 가는 것에 치중하는데, 이런 생활들은 업무 효율면에서는 좋으나 건강과 스트레스에는 매우 좋지 않다. 그러므로 스트레스를 적게 받고 좀 더 건강하게 삶을 영위하고자 한다면 자신이 즐거워 할 수 있는 취미 생활을 갖는 것이 중요하다.

또한 스트레스를 이기는 가장 좋은 방법은 긍정적인 마인드를 갖는 것이다. 마음이 편하고 기분이 좋아야 소화도 잘되고, 혈액순환도 좋아진다. 취미 생활을 열심히 즐기고, 명상이나 운동을 통해 스트레스를 관리하는 법을 배워야 한다. 하루종일 책상에서 반복적인 일을 하면서 쌓인 스트레스를 푸는 데 운동만큼 좋은 것이 없다. 그리고 운동을 하더라도 딱딱한 운동보다는 자신이 즐길 수 있는 운동을 하는 것이 좋다

또한 과중한 업무로 황폐해져 있는 정신을 가다듬을 수 있는 시간을 가져보는 것이 필요한데, 이때 추천할만 것이 명상이다. 잠들기 전 10분 정도 명상하는 시간을 가지고 클래식을 듣거나 자신이 좋아하는 것을 생각해 보자. 그러면 마음이 평온해지고 받았던 스트레스도 점차 풀리게 될 것이다. 또한 편안한 숙면도 취할 수 있어 아침에 상쾌하게 일어날 수 있을 것이다.

영국 서섹스대학교 데이비드 루이스 박사팀의 연구결과에 따르면 스트레스 해소법으로 가장 효과가 좋은 것은 독서인 것으로 나타났다.

연구팀은 독서, 산책, 음악 감상, 비디오 게임 등 각종 스트레스 해소 방법들이 스트레스를 얼마나 줄여 주는지를 측정했는데 그 결과 6분 정도 책을 읽으면 스트레스가 68% 감소됐고, 심박수가 낮아지며 근육의 긴장이 풀어지는 것으로 나타났다. 음악 감상은 61%, 커피 마시기는 54%, 산책은 42%, 비디오 게임은 21%로 나왔지만 심박수는 오히려 높아졌다.

루이스 박사는 '경제 상황 등이 불안정한 요즘 현실에서 탈출하고 싶은 욕구가 크다'며 '무슨 책을 읽는지는 중요하지 않다. 작가가 만든 상상의 공간에 푹 빠져 일상의 걱정 근심으로부터 탈출할 수 있으면 된다'고 밝혔다.

적당한 스트레스는 삶의 활력소가 되지만 스트레스가 누적되면

불면증, 우울증, 긴장성 두통과 신경성 위장병, 고혈압 등의 원인이 되기도 한다. 장기간 스트레스를 받으면 면역력이 떨어져 암과 같은 심각한 질환의 발생 위험을 높이기도 한다. 이러한 스트레스를 자기 스스로 제어할 수 있는 대상으로 인식하는 것이 건강관리에 도움이 된다. 가급적 스트레스는 받지 않도록 하고 받더라도 자기만의 긍정적인 방법으로 풀어나가는 것이 중요하다.

스트레스를 해소하는 방법

1. 긍정적인 마인드를 갖는다. 평상시 긍정적인 생각을 하면서 마인드 컨트롤을 한다.
2. 충분한 수면을 취한다. 수면의 질을 높이기 위해 간단한 와인 한 잔도 좋다.
3. 물을 많이 마신다. 스트레스를 받으면 몸에서는 자연히 열이 발생하고 그 열은 몸 위로 올라가게 되는데 물은 몸의 체온을 내려 주는데 아주 좋은 효과가 있다.
4. 목욕 또는 반신욕을 자주 한다. 단 두피 열을 올리는 사우나는 금물이다.
5. 좋아하는 운동이나 취미 생활을 한다. 친구, 영화, 여행, 스포츠 등 자신이 좋아하는 것을 하면서 스트레스를 푼다.
6. 자연과 함께 하는 삼림욕이나 등산 등을 자주 즐긴다. 신선한 공기와 확 트인 풍경 등을 보면서 스트레스를 날려 버린다.

06

치매 4050부터 싹튼다

영화 '장수상회'를 보았다. 치매를 앓고 있는 70대 성칠(박근형)과 암에 시달리고 있는 금님(윤여정)의 인생에서 마지막일지도 모르는 사랑을 그린 작품이었다. 성칠은 노인성 치매인 알츠하이머를 앓고 있는데, 장수상회는 현재 많은 노년층이 겪고 있는 고통인 치매의 아픔을 다루면서 모든 가족들이 치매 노인을 자연스럽게 받아들이고 함께 대처하는 분위기가 인상적이었다. 성칠이 자신의 딸에게 '네가 내 딸이로구나. 기억을 못해서 미안하다'라는 장면에서 치매 예방에 많은 노력을 해야겠다는 생각이 들었다.

치매는 암보다 더 무섭다. 국민여론조사 결과 가장 두려운 병으로 암에 이어 치매를 두 번째로 꼽고 있다. 치매는 환자 당사자의 고통을 넘어 치매 환자를 돌보는 가족과 그 가정까지 파탄나게 하는 무서운 병이다.

치매가 장기화되면 환자를 돌보는 사람들이 고통을 견디다 못해 함께 자살하는 극단적인 일까지 벌어진다. 이른바 가족에 의해 이뤄지는 '치매 간병 살인'이다.

작년 5월 치매에 걸린 83살 아내와 함께 저수지에 차를 몰고 들어가 동반 자살을 한 87세 노부부의 뉴스를 본적이 있다. 4년간 아내를 돌보던 할아버지는 너무 힘들다며 '이 길이 가장 행복한 길'이라는 유서를 남겼었다. 또한 치매를 앓던 어머니를 마구 때려 숨지게 한 비정한 아들이 경찰에 붙잡혔던 사건도 있었는데 이처럼 치매 가정에서 일어난 자살이나 살인 사건은 2014년에 알려진 것만 10건에 이른다고 하니 치매는 본인도 힘들지만 가족에게 더 큰 고통을 강요하는 질환이다.

만 65세가 되면 누구든지 치매에 걸릴 위험성이 10% 내외에 이르고, 85세가 되면 위험도는 50%에 육박한다. 최근 들어 40대 이하 치매 환자도 늘어 2007년 1,017명에서 2013년 1,464명으로 40%나 증가했다. 치매는 이제 연령대 구분없이 관심을 가져야 하는 국민 질환이 되었다.

통상 치매에 걸리면 기억장애와 언어장애, 시공간 파악능력이나 계산능력이 떨어진다. 또한 이해력과 판단력이 떨어지고 사소한 일에도 화를 내거나 주위 사람을 배려하지 않고 고집이 세진다. 말이 줄어들고 우울증처럼 감정표현이 적어지고 무뎌진다.

치매는 발병에서 말기까지 진행되는데 보통 8~10년 걸린다. 처음에는 치매인지 알아차릴 수 없을 정도로 증상이 미미하다. 단순한 건망증으로 생각하고 병원을 찾는 사례는 드물다. 사람은 누구나 나이가 들면 뇌기능이 떨어질 수밖에 없다. 100세 시대에 치매는 누구에게나 찾아오는 예약된 손님이나 마찬가지다. 치매는 어느날 갑자기 아무 예고없이 찾아오지 않는다. 무려 발병 20년 전부터 징조를 보이기 시작한다. 치매를 예방하려면 젊을 때부터 뇌를 가꾸는 것이 중요하다.

나덕렬 삼성서울병원 교수는 《뇌美인》에서 얼굴을 관리하듯이 뇌를 관리하는 '뇌미인'이 치매를 예방할 수 있다고 하면서 뇌미인이 되기 위한 방법으로 '진인사대천명'을 권했다.

'진땀나게 운동하고, 인정사정없이 담배를 끊고, 사회활동과 긍정적인 사고를 많이 하고, 대뇌활동을 적극적으로 하고, 천박하게 술을 마시지 말고, 명을 연장하는 올바른 식사를 하라. 그는 매일 운동을 하면 치매가 생길 확률이 80% 낮아지고 사회 활동을 하지 않고 혼자서 외롭게 지내는 사람은 치매에 걸릴 확률이 1.5배나 높고 비만인 사람이 3년 후 치매에 걸릴 확률은 정상 체중인 사람보다 1.8배 높다고 했다.'

또한 2014년 보건복지부와 중앙치매센터가 치매에 대한 국민적 관심을 환기시키고 치매 예방을 위해 '치매 예방 수칙 3·3·3'을 만들어 캠페인을 펼치고 있다. 치매 예방 노력은 청년기부터 실천해야 예방 효과가 극대화된다는 생각으로 생활습관 개선과 예방치료로 뇌를 건강하게 유지하도록 하자.

이 글을 마무리하면서 3년 전에 돌아가신 아버지 생각이 났다. 80평생을 누구보다도 건강하게 사셨는데 돌아가시기 3년 전부터

치매 간이 검사 체크리스트

구분	질문	점수
1	오늘은 ○○년 ○○월 ○○일 ○요일입니까? 지금 어느 계절입니까?	5점
2	당신의 집 주소는 ○○시 ○○구 ○○동 여기는 어디입니까?(학교, 시장, 집, 병원 등)	4점
3	여기는 무엇을 하는 곳입니까?	1점
4	물건 이름 세 가지 대기(예 : 나무, 자동차, 모자)	3점
5	3~5분 후에 질문을 하여 4번 질문에 답한 물건 이름을 다시 말해보라고 한다.	3점
6	숫자 계산 능력 : 100빼기 7은 또 7을 빼면…… (또는 '삼천리강산'을 거꾸로 말해보라고 한다.)	5점
7	물건 알아맞히기(예 : 연필, 시계 등을 보여주며 뭐냐고 묻는다)	2점
8	오른손으로 종이를 집어서 반으로 접고 무릎 위에 놓기(3단계 명령)	3점
9	5각형 두 개 겹쳐서 그리기	1점
10	'간장공장 공장장' 따라하기	1점
11	옷은 왜 세탁을 해서 입습니까?	1점
12	길에서 남의 주민등록증을 주웠을 때 어떻게 하면 쉽게 주인에게 되돌려 줄 수 있습니까?	1점
총점	( ) / 30점	
판정	19점 이하 : 확실한 치매 / 20~23점 : 치매 의심 / 24점 이상 : 정상	

자료 : 장모님의 예쁜 치매(김철수 지음, 공감 펴냄)

파킨슨병이 악화되어 기억의 일부가 사라지고 어린아이처럼 생활하셨다.

 매주 일요일 오후 아버지와 함께 아중천변을 손잡고 걸으면서 구구단을 같이 암기하고 덧셈, 뺄셈을 하면서 이별연습을 했던 기억이 난다. 그 당시 아버지는 기억의 일부가 지워졌지만 사고능력마저 다 잃었던 것은 아니었다. 아버지가 편안한 심신상태를 유지하도록 평상시와 똑같이 대해주는 노력을 어머니와 우리 가족 모두 했었던 아픈 기억이 생각난다.

치매예방 수칙 3·3·3

1. 3권(勸) : 3가지를 즐길 것
   - 운동 : 일주일에 3번 이상 걷기
   - 식사 : 생선과 채소 골고루 먹기
   - 독서 : 부지런히 읽고 쓰기
2. 3금(禁) : 3가지를 참을 것
   - 절주 : 술은 적게 마시기
   - 금연 : 담배는 피우지 말기
   - 뇌손상 예방 : 머리를 다치지 않도록 조심하기
3. 3행(行) : 3가지를 챙길 것
   - 건강검진 : 정기적으로 건강검진 받기
   - 소통 : 가족, 친구들과 자주 소통하기
   - 치매 조기발견 : 매년 치매 조기검진 받기

자료 : 보건복지부

자신의 욕망을 극복하는 사람이 강한 적을 물리친 사람보다 위대하다.

― 아리스토텔레스

제4장

자산관리
Yes

/ 01 /

100세 시대
편안한 노후를 위한 재테크 전략

2015년 11월 전북은행 본점에서 은행 직원을 대상으로 임용택 전북은행장의 은퇴 설계 특강이 있었다. 저금리, 저성장, 고령화 시대는 피할 수 없는 현상으로 노후 설계를 발목잡는 3가지 착각에 대해 언급하였다.

80세 넘게 살지 못할 것이라는 착각과 병에 안 걸릴 것이란 착각, 자녀가 나의 노후를 지켜준다는 착각에서 벗어나야 한다고 하였다. 현재와 같은 저금리 상황에서는 8억 원의 예금이 있어야 매달 100만 원의 소득이 생기는 만큼 직장 생활을 시작하는 20~30대부터 일찍 노후를 위한 자산 관리를 준비해야 한다고 조언하였다. 더불어 50대 이후에는 대출을 정리하고 자산 구조를 금융자산 위주로 변경해야 한다고 하였다. 은퇴 설계 전문가는 아니지만 짧은 기간 동안 많은 것을 준비하셔서 직원들에게 은퇴 설계의 중요성을 전파

해주시는 모습을 보면서 직원들이 은퇴 설계 필요성에 대한 새로운 인식을 갖게 된 계기가 되었다.

은행의 예금금리가 1%대로 떨어진 초저금리 시대가 도래하면서 은퇴자들의 재테크 계획에 비상이 걸렸다. 은행에 여유 자금을 맡겨 이자 소득만으로 노후 생활을 충분히 준비할 수 있었던 황금시대가 지나간지 오래다. 50대의 베이비붐 퇴직자들은 국민연금을 수령할 때까지 소득이 발생하지 않는 소득절벽이 기다리고 있다. 퇴직금만을 손에 쥐고 있는 사람들은 더 높은 금리를 찾아 금리쇼핑을 하거나 원금손실의 위험을 감수하고서라도 투자 상품으로 눈길을 돌리는 사람들이 많이 생겼다.

은퇴란 수입이 더 이상 발생하지 않는 시기를 말한다. 은퇴 이후 수입이 전혀 없거나 현저히 줄어드는 상황에서 젊은 시절부터 수입의 일부를 떼어서 은퇴 이후를 준비해야 한다. 은퇴 후 남은 수십 년을 안정적으로 생활하기 위해서는 사전에 충분한 준비가 필요하다. 그러면 편안한 노후를 위한 재테크 전략에 대해 살펴보자.

첫째, 은퇴 준비는 빠르면 빠를수록 좋다. 은퇴 준비를 빨리할수록 복리 효과 등을 통하여 많은 돈을 모을 수 있고 정신적 여유와 안정감을 얻을 수 있기 때문이다.

아인슈타인은 '복리는 우주에서 가장 강력한 에너지이자 인류 최고의 발명품'이라고 말했다. 만일 사람들을 부자로 만드는 마법의 지팡이가 존재한다면 그것은 복리 투자일 것이다.

둘째, 국민연금, 퇴직연금, 개인연금의 3층연금을 활용해 고정소득을 확보해야 한다. 여유로운 노후 생활을 위해서는 연금을 중심으로 자산 포트폴리오를 구성하는 것이 가장 바람직하다. 은퇴 이후에도 월급처럼 정기적인 소득원이 있어야 안정적인 생활을 할 수 있기 때문이다. 일찍부터 3가지 연금상품에 가입하여 노후 생활비를 준비했다면 부담이 덜할 것이다.

국민연금은 3층연금 체제의 기본으로 국민의 생활안정을 위해 최저 생계비를 보장해주는 역할을 하고 있으며 결코 풍요로운 생활 수준을 보장해주지는 않는다.

퇴직연금은 근로자들이 기업에서 근무하면서 받던 퇴직금을 고령화 시대에 맞추어 연금화시킨 것으로 표준적인 생활보장을 해준다.

개인연금은 국민들이 자발적으로 가입하는 상품으로 정부에서 세제 혜택을 주고 있으며 개인연금을 통하여 좀 더 노후 생활이 여유로워질 수 있다.

세계은행에서는 노후 필요 자금으로 현재 소득의 70~80%를 마련할 것을 권장하고 있는데 우리나라 기준으로 볼 때 국민연금이 전체 노후 자금에서 차지하는 비율은 25~30% 정도이며, 직장에서 가입한 퇴직연금이 10~20%를 차지하는 것으로 추산되며, 개인연금은 8% 정도로, 3층연금으로는 소득대체율이 43~58% 수준밖에 되지 않는다.

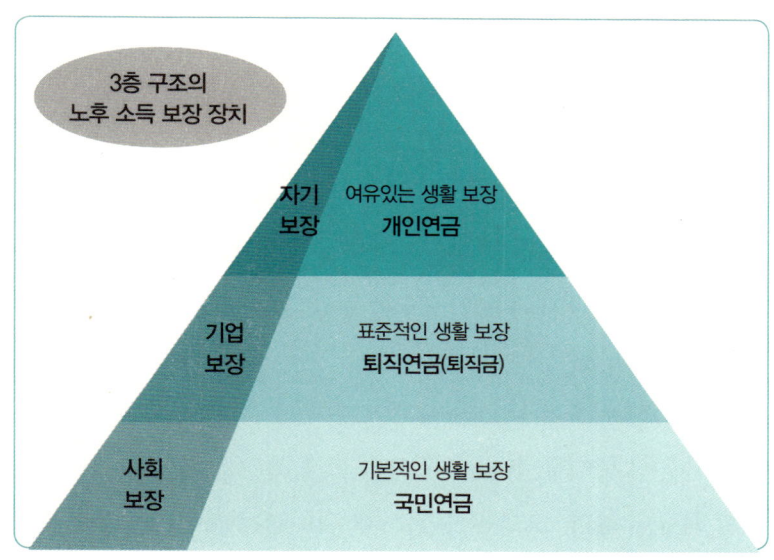

소득 대체율에 대한 국내외 수준 비교

(단위 : %)

보장 구분	세계은행 권고수준	미국	영국	일본	한국
공적연금	30~35	41	31	34	25~30
퇴직연금	30~35	38	39	26	10~20
개인연금	10 이상		10(가정)		8
합계	70 이상	89	80	70	43~58

자료 : OECD, KDI, 보험연구원

셋째, 지나치게 부동산에 편중된 자산 구성을 바꿔가야 한다. 부동산 자산은 환금성이 낮고 관리하기가 쉽지 않아 고정적인 생활비가 필요한 은퇴자들에게 불리하다. 금융투자협회가 발표한 2014년

주요국 가계 금융 자산 비교 자료에 따르면 주요 선진국 가계의 금융 자산 비중은 40%에서 많게는 70%가 넘는다. 반면 우리나라 가계의 금융 자산 비중은 27% 정도에 불과했다.

연령대별로 살펴보면 40대의 금융 자산 비중은 31% 수준이며 은퇴를 눈앞에 둔 50대는 25.9%, 다수가 은퇴자인 60대 이상은 17.6%로 나타났다. 연령대가 높아질수록 금융 자산 비중은 오히려 떨어진 것으로 나타났다.

금융 자산 비중이 낮으면 은퇴 이후 안정적인 소득기반이 없을 경우 유동성 문제를 겪을 수 있으며 노후 생활을 하는데 어려움에 처할 확률이 높다. 요즈음처럼 1%대 저금리가 지속되는 상황에서 금융 자산 1억 원을 가지고 은퇴했을 경우 매달 100만 원씩 쓴다고 가정하면 10년도 안돼 원금까지 소진하게 된다.

넷째, 투자수익에 대한 눈높이를 낮추면서도 끊임없이 고수익 기회를 노려야 한다. 1%대의 금리하에서 누가 7~8%대의 수익을 보장한다면 그것은 십중팔구 사기일 것이다. 그렇다고 낮은 수익의 안전 자산에 대한 저축만으로는 은퇴 설계에 답이 없다. 따라서 부동산 비중을 줄이면서 늘어나는 금융 자산을 국내외 주식과 펀드 등 중위험·중수익, 즉 원금손실 위험이 적은 투자 자산에 대한 비중을 늘려가야 할 것이다. 이와 더불어 비과세 등 절세혜택이 있는 금융 상품을 최우선으로 선택해야 한다. 저금리 시대에는 절세가 적지 않은 수익으로 돌아오기 때문이다.

가구주 연령대별 자산 구성

(단위 : 만 원, %)

연령	총자산	금융자산		실물자산	
		금액	구성비	금액	구성비
30~39세	23,115	9,016	39.0	14,099	61.0
40~49세	33,072	10,262	31.0	22,810	69.0
50~59세	43,025	11,159	25.9	31,866	74.1
60세 이상	33,660	5,935	17.6	27,724	82.4
전체	33,364	8,931	26.8	24,433	73.2

자료 : 통계청, 2014년 가계금융/복지조사 결과

마지막으로 헬스푸어를 예방하기 위해 실손의료보험으로 대비하자.
우리나라 연령대별 1인당 월평균 진료비가 60대 이후부터 급격히 상승한 것으로 나타났다. 건강보험이 적용되는 인구 전체의 1인당 월평균 진료비(2013년 기준)는 8만 5천 원인 반면, 65세 이상은 26만 원으로 나타났다. 특히 60대 17만 원, 70대 27만 원, 80대 37만 5천 원 등 은퇴 후 나이가 들수록 진료비가 급격히 오르며, 65세 이후부터 생애 의료비의 절반 이상을 소모하는 것으로 나타났다. 즉 남자는 65세 이후 생애 의료비의 50.5%, 여자는 55.5%를 사용한다.

따라서 치명적 질병에 대비하는 실손의료보험이나 CI보험critical illness에 미리 가입한다면 노후의 경제적 부담을 크게 줄일 수 있게 된다.

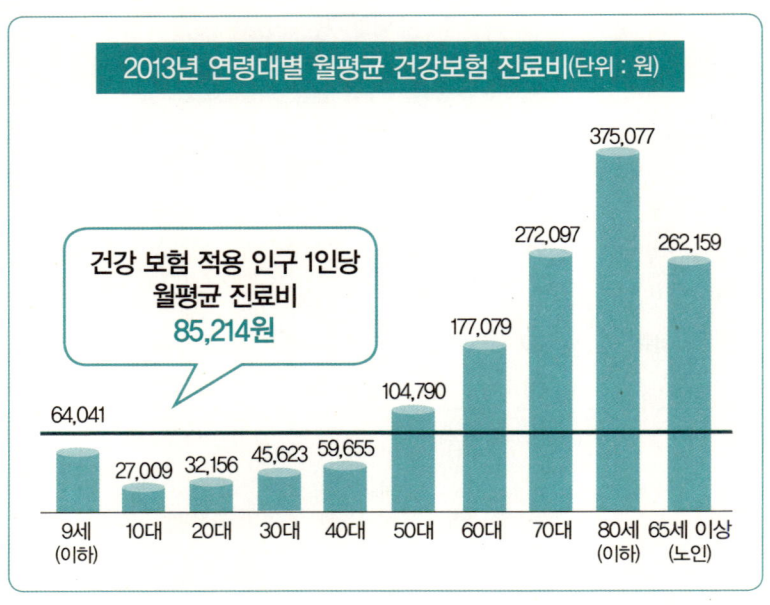

자료 : 국민건강보험

　　100세 시대 편안한 노후를 위해서는 은퇴 이후에도 월급을 대신할 수 있는 꾸준한 현금 흐름을 만들어 내는 시스템 구축이 매우 중요하다. 위에서 살펴본 노후 준비 필수요소인 3층 보장 이외에 매월 원활하고 안정적인 현금 흐름을 만들어 낼 수 있는 방법으로는 연금저축과 주택연금이 있다.

　　연금저축은 은퇴 후 10~15년간 필요한 여유생활 자금을 충당하기 위해 필요하고, 주택연금은 3층 보장의 부족한 기본생활 자금을 충당하기 위해 반드시 준비해야 하는 부분이다. 이외에도 임대 부동산, 월지급식 펀드 등 안정적인 현금 흐름을 만들어 낼 수 있는 형태로 현재의 자산 구조를 바꾸는 작업을 하는 것이 무엇보다 시급하다.

> **100세 시대 편안한 노후를 위한 재테크 5계명**
>
> 1. 은퇴 준비는 이르면 이를수록 좋다.
> 2. 국민연금, 퇴직연금, 개인연금 3층연금을 활용해 고정소득을 확보하라.
> 3. 부동산에 올인하지 마라.
> 4. 투자수익에 대한 눈높이를 낮추면서도 끊임없이 고수익의 기회를 노려라.
> 5. 헬스푸어를 예방하기 위해 실손의료보험으로 대비하라.

02

노후 준비를 위해
생애 재무 설계에 나서라

노년에 가고 싶은 대학이라는 유머가 유행이다. 고상하게 여행 다니는 노년은 '고려대', 연금으로 세계여행 다니는 노년은 '연세대'다. 가고 싶지 않은 대학으로는 '서울공대'와 '동경대'가 있다. 서럽고 울적해서 공원에 가면 '서울공대', 동네 경로당에 나가면 '동경대'라고 한다.

유머지만 다들 고려대, 연세대를 가려는 생각을 하고 있을 것이다.

삼성생명 은퇴연구소에서는 2012년부터 2년마다 행복한 노후 생활을 하기 위해 어느 정도 준비되어 있는가를 평가하는 '은퇴 준비 지수'를 개발해 발표하고 있다.

은퇴 생활을 재무(안정된 삶), 건강(건강한 삶), 활동(활기찬 삶), 관계(어울리는 삶) 등 4가지 영역의 지수를 종합해 산출한다. 100점 만점을 기준으로 양호(70~100점), 주의(50~70점 미만), 위험(0~50점 미만)으로 평가한다.

2016년 삼성생명 은퇴 준비 지수

구 분		종 합	재 무	건 강	활 동	관 계
은퇴 지수	2014년	57.7	55.0	59.0	55.3	62.1
	2016년	55.5	56.8	55.3	50.0	58.1
	증감	△2.2	+1.8	△3.7	△5.3	△4.7
평 가		주의	주의	주의	주의	주의

자료 : 삼성생명

조사 결과 2016년도 은퇴 준비 지수는 100점 만점에 55.5점으로 2014년보다 2.2점이 낮아진 것으로 나타났다. 연령별로는 30대의 은퇴 준비 점수가 52.8점으로 가장 낮았고, 50대가 59.5점으로 가장

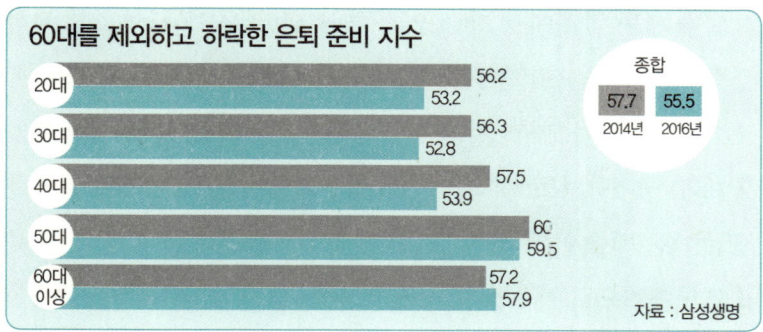

높았다. 2014년과 비교하면 40대는 3.6점, 30대는 3.5점 각각 하락했지만, 50~60대의 은퇴 준비 수준은 다소 개선되거나 비슷한 수준으로 나타났다.

20~40대 젊은 연령층의 하락은 눈앞에 닥친 삶의 문제로 노후 준비가 우선순위에서 밀려나고 있는 것을 보여주고 있으며, 고령층보다 긴 노후를 살아갈 세대인 만큼 체계적인 노후 준비 필요성이 시급하다.

그러면 노후 준비는 어떻게 해야 하는가? 전문가들은 하루라도 빨리 생애 재무 설계에 나서야 한다고 강조한다.

생애 재무 설계는 개인의 생애 주기에 따라 재산과 소득, 지출을 종합적으로 고려하여 전체 수지를 적자에서 흑자로 바꾸는 것을 말한다. 단순히 돈을 모으는 재테크와는 차원이 다르다. '내 집 마련', '자녀 결혼' 등 구체적인 재무 목표를 설정한 후 목표를 달성하기 위하여 구체적인 계획을 세우는 게 특징이다.

생애 재무 설계에서 가장 먼저 해야 할 일은 재무 목표를 정하는 것이다. 생애 주기를 사회 초년기(20~30세), 가정 구성기(30~40세), 자녀 성장기(40~50세), 가족 성숙기(50~60세), 노후 생활기(70세 이후) 등 5단계로 나눠 각 주기마다 필요한 자금 내용과 금액을 결정한다. 예를 들어 결혼, 내 집 마련, 자녀 교육, 노후 준비 등 목표를 구체적으로 세우는 것이 좋다. 특히 생애 재무 설계 중 핵심인 은퇴 자금 마련을 중요한 항목으로 선정하고 준비해야 한다. 은퇴 자금은 '아직 먼 일이고 나중에 준비해도 되겠지'라는 안이한 생각은 버려야 한다. 연령별 노후 준비 전략은 다음 장에서 살펴보기로 하자.

목적 자금별 재무 목표

연령	시기	재무 목표와 특징
20~30세	사회 초년기	본인 결혼 자금 마련, 전세 및 주택 구입 자금 마련 저축의 시작, 보험 가입, 자동차 구입, 장기 재정 플랜 수립
30~40세	가정 구성기	자녀 교육비 마련, 주택 확장 자금 마련, 연금 및 은퇴 자금 준비, 자산의 증식 및 배분, 절세 보장 플랜 재검토
40~60세	자녀 성장기 가족 성숙기	자녀 결혼 자금 마련, 자녀 대학교 교육비 마련 은퇴 자금 준비, 보험 확대, 상속 및 증여 준비
60세 이상	노후 생활기	은퇴 자금 준비 및 실행, 상속 설계 실행 자산 분배, 유언 작성, 안정적 자산 운영, 유동성 확보

둘째, 재무 목표가 정해지면 자신의 재무 상태를 파악해야 한다. 소득, 지출과 함께 재산 내역을 꼼꼼하게 파악하고 이를 기반으로 계획을 수립한다. 자신이 벌 수 있는 돈과 계획을 일치시키고 저축과 투자에 나선다.

현재 가계의 재무 상태표(자산·부채 현황)와 현금 흐름표(수입·지출 현황)를 분석한 후 소득의 30% 이상은 반드시 저축한다는 목표를 세우는 것이 바람직하다.

재무 상태표(예시)

(단위 : 만 원)

자산			부채와 순자산		
현금 및 유동 자산	현금 CMA	1,000 500	부채	주택담보대출 가계자금대출	10,000 2,000
투자 자산	펀드 연금	4,000 3,000	부채합계 (B)		12,000
사용 자산	주택 자동차	40,000 1,500	순자산(A-B)		38,000
자산 합계 (A)		50,000	부채와 순자산 합계		50,000

현금 흐름표(예시)

(단위 : 만 원)

현금유입(월)			현금유출(월)		
근로 소득	본인 배우자	300 200	고정 지출	세금/공과금 주택대출원리금	50 100
임대 소득		100	변동 지출	생활비 사교육비	200 100
연금 소득			저축과 투자	적금 펀드	50 100
기타 소득		50		연금저축	50
소득 합계		650	지출 합계		650

마지막으로 철저한 월간 현금 흐름 관리다. 자산을 형성하는 시기에는 투자수익률을 극대화하는 것보다 저축여력 자체를 높이는 것이 더욱 중요하다.

이를 위해서 생활비에 대한 명확한 기준을 세우는 것이 필요하다. 일반적으로 생활비는 '5+1 원칙'으로 정하는 것이 바람직하다.

'5+1 생활비 원칙'은 ① 일반적인 주거생활비, 식비, 교통비, 문화생활비 등은 '생활비' 항목으로 통칭하고, ② 자녀 교육비, ③ 용돈, ④ 이자 및 세금, ⑤ 보장성 보험료에 대하여 투명하게 파악한 후 ⑥ 경조사비, 여가비 등의 비정기 지출을 포함하는 것이 원칙이다.

이렇게 생활비를 투명화해야 월간 예산 계획을 수립할 수 있고, 이를 통해 저축률을 기존보다 높일 수 있다. 이때 중요한 것은 비정기 지출에 대비하여 비상예비 자금을 확보하는 것이다. 비상예비 자금은 월지출액의 3~6배가 적정(기혼자의 경우 500~1,000만 원 정도)하다. 이는 갑작스러운 비상사태에 대비하는 의미도 있고, 매월 저축하는 포트폴리오를 대비한다는 의미도 있다. 많은 금액을 보유하는 것보다 일정한 금액을 유지하는 것이 중요하다.

5+1 생활비 원칙(예시)

생활비	주거 생활비(관리비, 각종 공과금)
	식비, 부식비, 외식비
	교통비, 통신비
	문화 생활비
	육아비
자녀 교육비	등록금, 과외비 등
용돈	본인, 배우자, 부모님, 자녀
이자 및 세금	대출이자 및 각종 세금
보험료	보장성 보험료
비정기 지출	경조사비, 명절 선물 등 비정기 지출
	여가비

'5+1 생활비 원칙'에 따라 생활비를 분류하였다면 이에 따라 통장 관리도 다음 예시처럼 목적에 맞게 3개의 통장 시스템을 구축하는 것이 좋다.

1) 생활비/용돈 통장은 생활비, 자녀 교육비, 개인용돈, 대출이자 및 세금, 보장성 보험료 이체를 위한 통장이다.
2) 예비 통장은 경조사비, 여가비 등 비정기 지출을 위한 통장이다.
3) 저축/투자 통장은 적금, 펀드 등 미래를 위한 투자 목적 통장으로 반드시 월소득의 30% 이상을 이체하도록 한다.

이상의 통장 관리 방법을 '33법칙'이라 한다. 이는 소득의 30% 이상은 반드시 저축하고, 월소득을 3개의 통장(생활비/용돈 통장, 예비 통장, 저축/투자 통장)으로 나눠서 관리하는 방법이다.

생활비 분류에 따른 3개의 통장(예시)

통장명(비율)	통장 내용
생활비/용돈 통장 (50%)	필수 생활비, 자녀 교육비, 개인 용돈, 이자 및 세금, 보장성 보험료
예비 통장 (20%)	긴급 예비 자금 : 생활비 3~6개월 규모 (기혼자의 경우 500~1,000만 원)
	연간 비정기 지출 자금 : 경조사비, 생일, 명절 선물, 여가비 의류/미용/화장품, 자동차 보험료
저축/투자 통장 (30%)	적금, 펀드, 연금저축(신탁, 보험, 펀드), 기타 적립식 상품
	추가불입 : 남은 돈이 있을 경우 저축/펀드/보험 등에 불입 상여금도 적극 추가 불입

그러면 은퇴 이후 필요한 노후 자금은 어떻게 마련하는 것이 좋을까?

앞에서도 살펴본 바와 같이 은퇴 이후 삶의 질은 자산 규모가 아니라 안정적으로 매월 발생하는 월간 현금 흐름을 확보하는 것에 있다.

이를 '은퇴 이후 자산 유동화 시스템'이라 할 수 있다. 자산 유동화 시스템을 구축하기 위해서는

1) 월 생활비에 대한 기준을 명확히 세우고,
2) 공적연금 수령액을 계산한 후,

3) 본인이 스스로 준비해야 할 금액을 먼저 산정한다.
4) 마지막으로 이를 마련하기 위해 현재 보유하고 있는 수익형 부동산의 월 임대료와 금융 자산으로 만들 수 있는 이자 또는 연금액을 계산하면 된다.

은퇴 이후 자산 유동화 시스템

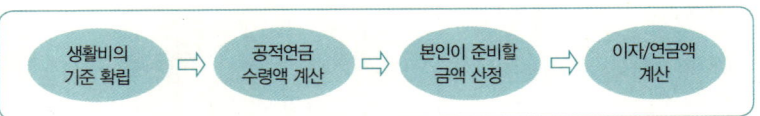

　은퇴 이후 자산 유동화 시스템 구축을 위해 필요한 평생 소득으로 대표적인 것이 부동산에서 발생하는 임대 소득과 금융 자산을 통해 발생하는 이자 소득 그리고 연금 소득이 있다.

　부동산 임대 소득은 인플레이션 방어기능이라는 장점이 있는 반면 공실로 인한 임대 소득의 불안정성과 보유세 부담, 가치하락 등의 위험이 있으므로 노후 생활을 풍족하게 하는 여유 자금으로 활용하는 것이 좋다. 현금 자산은 유동성이 양호하다는 장점이 있지만 요즘같은 저금리 상황에서는 수익률 저하와 인플레이션에 취약하다는 단점이 있으므로 비상예비 자금으로 활용하는 것이 바람직하다. 마지막으로 의식주와 의료비 등 필수 생활비는 연금 자산으로 확보해야 한다. 3층연금으로 대표되는 연금소득은 사망할 때까지 매월 안정적인 현금 흐름을 확보할 수 있는 가장 좋은 수단이다.

노후 준비는 걱정만 하고 있어서는 곤란하다. 전문가들은 늦더라도 안하는 것보다 낫다고 한다. 말로만 노후 설계를 수립하고 실천하지 않으면 아무 의미가 없다.

앞에서 살펴본 연령별 재무 목표에 맞는 투자를 해나간다면 은퇴 후 본인이 원하는 노후 자금을 확보할 수 있으며 행복한 노후 생활이 가능하다.

생애 재무 설계 핵심인 은퇴 자금 마련을 위해
'5+1 생활비 원칙'과 소득의 30% 이상은 반드시 저축하고,
월소득을 3개의 통장으로 나눠서 관리하는 '33법칙',
'은퇴 이후 자산 유동화 시스템'에 의하여
안정적인 현금 흐름을 확보하라.
그러면 풍요로운 노후 생활이 가능하다.

03

연령별 노후 준비는 이렇게 하라

NH투자증권이 발표한 '2016년 대한민국 직장인 보고서'에 의하면 직장인들은 은퇴 시점까지 평균 3억 원 정도의 노후 자산을 목표로 하고 있는 것으로 조사됐다.

경제적인 여유가 있으면서 어느 정도 노후 준비 기간이 남아있는 40대가 평균 3억 2,787만 원으로 가장 높게 나타났고, 30대가 3억 1,936만 원이었다. 은퇴까지 얼마 남지 않은 50대는 평균 2억 8,318만 원으로 가장 적은 목표의 노후 자산을 응답했다.

직장인들이 별도 노후 준비를 위한 저축금액(국민/퇴직연금 제외)은 월평균 27만 7천 원으로 조사됐다. 연령대별로는 50대가 33만 5천 원으로 가장 많고, 이어서 40대 27만 2천 원, 30대 22만 2천원 순

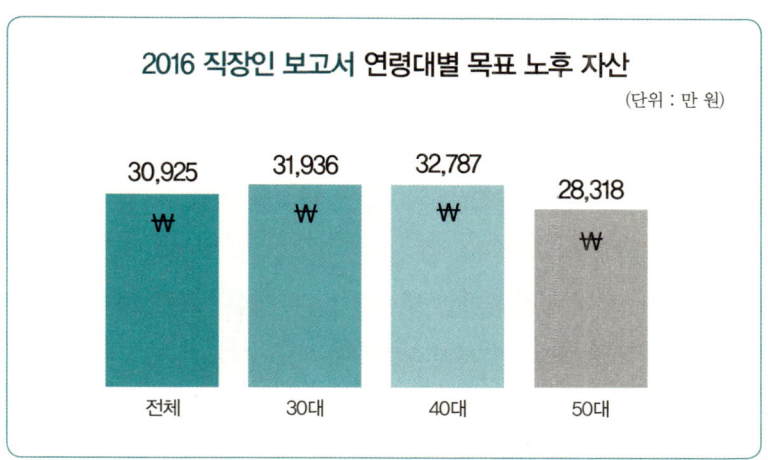

자료 : NH투자증권

이었다.

우리 사회의 중추적인 역할을 하는 30~40대가 '결혼하랴, 애 키우랴, 부모 봉양하랴' 들어가는 돈은 많지만 월급은 오르지 않고 주거비 등 생활물가는 뛰면서 노후 준비를 위한 준비도 가장 적게 하고 있는 것이다.

주거비는 3040 세대의 가장 큰 부담이다. 서울에 사는 30대 가구 10명 중 9명은 전세나 월세를 산다. 올해 초 서울의 전셋값은 평균 4억 원을 넘어섰다. 도시근로자 가구(2인 이상)가 7.2년간 한 푼도 쓰지 않고 모아야 하는 금액이다. 교육비 부담도 40대의 허리를 누르고 있다.

통계청 자료에 따르면 2015년 3월 말 기준으로 금융 부채를 보유한 비율이 30대는 68.2%, 40대는 70.1%로 전체 가구 평균인 57.5%

를 넘어섰다. 3040 가구의 부채 규모도 가구당 7,030만 원으로 최근 1년 사이 8% 이상 늘어난 것으로 나타났으나 소득은 2~3% 증가한 것에 그쳤다. 앞에서 살펴본 바와 같이 30대의 은퇴 준비 수준이 가장 낮은 것은 이러한 현상에 기인한다고 볼 수 있다.

최근에 ≪노후 파산≫이란 책을 읽었다. 일본 NHK가 일본의 600만 명의 독거 노인 중 생활보호대상자 70만 명과 오로지 연금수입만으로 궁핍한 삶을 꾸려가는 200만 명의 이야기를 전하는 책이었다. 그들이 어느 순간부터 인생의 내리막길을 걷게 되었는지 그리고 그들의 삶이 얼마나 갑갑한 상황인지를 NHK 방송으로 내보내고 못다한 이야기들을 책에 담았다.

노후 파산이란 홀로 사는 고령자가 연 수입이 생활수준에 미치지 못하는데도 생활보호를 받지 못하고 연금만으로 생활하다 결국 파산을 맞이하는 것을 의미한다. 노후 파산 위기에 처한 사람들은 매달 약 100만 원의 연금으로 생활비, 의료비, 집세, 세금, 공공요금 등 모든 것을 해결하며 생활을 유지해야 한다. 한 끼 식사는 1,000원 이내로 해결해야 하고, 의료비라도 아끼기 위해 웬만한 병은 참고 병원에 가지 않고 있으며, 만일 큰 병이라도 걸리면 바로 노후 파산에 처하게 된다.

이러한 사례들이 일본 이야기이지만 노후 파산은 우리나라에서도 일어나고 있는 현실이며 앞으로 일본만큼 심각해질 위험성이 높다. 이 책을 통하여 수십년 동안 열심히 살아온 사람들이 왜 이런 고통에 처하게 되었는지를 생각하게 하고, 노후 파산이 대를 이어서 일어나고 있는 모습도 보면서 은퇴를 앞둔 사람들이 준비해야 할 것이 명확하다고 생각한다. 즉 평생 현역으로 뛸 각오, 평생을 함께 어울릴 소중한 가족과 친구들과의 관계 점검, 마지막으로 노후 자금 확보를 위한 투자 포트폴리오 검토가 필요하다.

앞에서 생애 재무 설계 중 가장 먼저 할 일로 연령대별 재무 목표를 정하는 것이며, 은퇴 자금 마련을 중요한 항목으로 선정하고 준비하라고 하였다. 그럼 연령대별 효율적인 노후 준비 전략에 대하여 구체적으로 살펴보자.

연령대별 효율적인 노후 준비 전략

연령대	노후 준비 전략
20~30대	- 재무 목표를 수립하라 - 최대한 일찍 저축과 투자를 시작하라 - 3층연금을 확보하라
40대	- 노후 자금 준비와 자녀 교육비의 균형을 맞춰라 - 사회 활동에 대한 준비를 하라
50대	- 국민연금을 받기 전 소득 공백기에 대비하라 - 의료비 및 자녀 결혼 자금을 준비하라 - 부동산을 줄이고 금융 자산을 확대하라
60대	- 평생 소득을 확보하고 장수 리스크에 대비 하라 - 의료비를 준비하라 - 보수적인 자산 관리를 하라 - 투자 자산을 연금화하라

1. 20~30대의 노후 준비

◆ **재무 목표를 수립하라**

사회 생활을 시작한 20~30대들은 먼저 재무 목표를 세우는 게 중요하다. 결혼, 자녀 출산, 내 집 마련 등 중요한 인생 이벤트를 작성해보고 필요한 자금 규모를 파악해본다. 이것은 낭비되거나 새는 돈을 막고 필요한 자금을 차근차근 마련해나가기 위한 중요한 작업이다.

◆ **최대한 일찍 저축과 투자를 시작하라**

수립한 재무 목표를 달성하기 위해 필요한 저축 규모를 따져본 후 33법칙에 따라 최대한 일찍 저축을 시작한다. 일찍 저축할수록 복리 효과를 누리게 되며 종잣돈seed money을 마련하는 시기를 앞당길 수 있다. 마련된 종잣돈을 잘 운영하여 주택 마련 자금, 자녀 교육비에 충당하고 노후 생활 자금을 계속 축적해 나가는 것이 생애 재무 설계의 기본이다. 특히 현재와 같은 초저금리 시대에는 저축보다는 채권, 주식, 적립식 펀드 등 투자 상품에 관심을 가져야 한다. 적립식 펀드는 시점을 나눠서 투자하는 효과가 있어 시장변화에 크게 민감하지 않다는 것이 특징이다.

◆ **3층연금을 확보하라**

일찍 가입할수록 효과가 큰 연금 상품의 특성을 생각할 때 사회 초년생 시기의 연금 가입은 일석이조의 효과가 있는 노후 준비 방법이라고 할 수 있다. 국민연금, 퇴직연금, 개인연금 등 3층 구조의 연금에 가입하여 연금 자산을 계속 늘려가야 한다.

2. 40대의 노후 준비

◆ 노후 자금 준비와 자녀 교육비의 균형을 맞추어라

40대에 노후 자금 준비와 균형을 맞춰야 할 게 자녀 교육비다. 통계청 조사에 따르면 우리나라 40대는 교육비가 소비 지출에서 차지하는 비중은 평균 20% 정도로 전 연령대에서 가장 높다. 은퇴 후 자녀에게 짐이 되지 않으려면 자녀 교육비 지출을 최소화하여 부족한 노후 자금 마련을 위하여 적극적으로 나서야 한다. 한국에서 부모들이 자녀 독립 후 노후 준비를 할 수 있는 기간은 일본이나 미국에 비해 4~6년 정도 짧은 편이다. 30대에 연금 준비를 시작하지 못했다면 40대에는 반드시 시작해야 한다.

만약 자녀 교육비를 줄여야 하는 상황이라면 자녀들에게 먼저 부모의 노후 준비 필요성을 이해시키는 과정이 필요하다. 교육비나 결혼 자금의 부담을 부모가 전부 부담하기보다 자녀 스스로 자신의 문제를 해결할 수 있는 기회를 주는 게 바람직하다.

◆ 사회 활동에 대한 준비를 하라

40대는 은퇴 후 취미나 여가 활동, 사회 활동을 위한 준비도 시작해야 한다. 하고 싶은 봉사 활동에는 어떤 자격증이 필요한지 확인하여 미리 취득하는 게 좋다. 꼭 하고 싶은 일을 2막을 위한 일자리로 만드는 준비도 필요하다. 이를 위하여 한국폴리텍대학, 방송통신대학, 사이버대학, 평생교육원에 등록하여 교육을 받거나 각종 동호회 활동에 적극적으로 참여하는 것도 좋은 방법이다.

3. 50대의 노후 준비

◆ 국민연금을 받기 전 소득 공백기에 대비하라

50대는 퇴직하는 나이와 국민연금이 개시되는 나이 사이의 소득 공백기에 대응하는 게 가장 중요한 문제이다. 국민연금을 받기 전까지 퇴직을 최대한 늦추거나 재취업을 고려해야 한다.

이때까지 적립해 놓은 충분한 금융 자산이 없다면 살고 있는 부동산을 이용한 주택연금을 통해 평생 소득을 확보하거나 주택 다운사이징 후 즉시연금에 가입하는 것이다. 만일 기존에 가입된 개인연금 상품이 있다면 국민연금을 받기 전 소득 공백기 동안 연금을 받을 수 있도록 연금 수령 방법을 선택하는 것도 방법이다.

◆ 의료비 및 자녀 결혼 자금 준비를 하라

50대에는 기본적인 생활비 외에도 예상하지 못한 의료비가 발생할 수 있으므로 이에 대한 준비 자금이 필요하다. 또한 자녀의 결혼 자금이 필요해지는 시기이므로 결혼 자금 규모는 허세 없이 산정해야 한다. 부모가 일방적으로 도와주기보다 결혼 이전부터 미리 자신의 돈을 관리해 자녀 스스로 결혼 자금을 모을 수 있도록 도와주는 것도 중요하다.

◆ **부동산을 줄이고 금융 자산을 확대하라**

향후 인구가 감소하고 고령자의 비중이 높아지면서 주택에 대한 수요는 장기적으로 감소하고 부동산 가격도 하향 안정세를 보일 가능성이 높다. 50대 은퇴 후 소득이 없는 상태에서 부동산을 보유하고 있을 경우 보유세 부담으로 노후 생활이 어렵게 된다. 따라서 부동산 자산 규모를 축소하고 안정적인 금융 자산 비중을 늘려가야 한다. 이때 기대수익률을 낮추고 보유 금융 자산에서 주식투자 비중은 30% 이하로 줄이며, 안정성이 높은 채권형 펀드 등의 비율을 높여가는 것이 바람직하다.

4. 60대의 노후 준비

◆ **평생 소득을 확보하고 장수 리스크에 대비하라**

60대에 중요한 것은 보유 자산의 크기가 아니라 매월 일정한 현금 흐름이 있는지 여부다. 매월 월급처럼 받는 평생 소득 확보가 가장 중요하다. 지금까지 준비한 연금이 충분하지 않다면 50대와 마찬가지로 즉시연금이나 주택연금을 활용할 수 있다. 또한 연금을 수령하는 기간을 최대한 길게 하거나 종신으로 선택한다면 장수 리스크에 대비할 수도 있다.

◆ 의료비 준비를 하라

65세 이후에 쓰는 의료비가 평생 의료비의 절반 정도가 된다는 통계가 있다. 준비가 안된 의료비는 결국 생활비에서 사용해야 하기 때문에 절대로 간과할 수 없다. 발생할 의료비 규모를 예측하기 어렵기 때문에 실손보험 등을 통해 준비하는 것도 좋다. 또한 배우자 홀로 생존하는 경우를 대비해 혼자 남은 배우자가 간병인이 필요할 때 도움을 받을 수 있도록 간병비도 준비해야 한다.

◆ 보수적인 자산 관리를 하라

주식 등 변동성이 큰 자산 투자에 신중해야 하는데, 투자한 자산 가치가 하락했을 때 회복할 수 있는 시간이 젊은 세대들보다 짧기 때문이다.

◆ 투자 자산을 연금화하라

60세 이후는 보유 중인 투자 자산을 연금 자산으로 전환해야 한다. 예금과 펀드 자산을 즉시연금과 월지급식 펀드로 변경한다.

> 20대부터 재무 목표를 세우고
> 연령별 노후 준비 전략에 따라 철저히 준비하라.
> 그러면 결코 노후 파산은 일어나지 않을 것이다.

04

은퇴 후 필요한 노후 생활 자금은?

순창지점장으로 발령난지 얼마 되지 않아 퇴직하신 전직 K지점장님께서 방문하셨다. 같이 식사를 하면서 퇴직 후 생활에 대하여 여러 가지 물어보았다.

"지점장님! 퇴직 후 생활비가 퇴직 전과 비교하여 별로 줄지 않는다고 하던데 지점장님은 어떠세요?"

"퇴직 후 생활비가 최소 3백만 원은 들더라고. 퇴직 전에 태양광 사업을 시작하여 2백여만 원의 수입이 있고 부족한 돈은 받았던 퇴직금으로 쓰고 있어. 막내가 대학을 다니고 있어서 내년에 국민연금 조기 수령 신청을 하려고 생각하고 있어."

K지점장님께서는 퇴직 후 다른 직업을 갖지 않으시고 태양광 사업에 대한 수입과 국민연금 조기 수령으로 300만 원 정도의 월 수입을 만든다고 하셨다.

은퇴 이후 노후를 얼마나 즐겁게 보낼 수 있느냐는 재정적으로 얼마나 준비되었는가에 달려 있다. 그러면 은퇴 이후 과연 돈은 얼마나 필요할까? 일부에서는 최소 10억 원은 준비해야 한다고 하고, 다른 곳에서는 4~5억 원이면 충분하다고 하기도 한다.

사람마다 씀씀이가 다르고 취향이 다르기 때문에 얼마가 필요하다고 말하기는 곤란하지만 1년에 한 번 해외여행을 가고 건강검진을 받는 등 여유 생활을 하려면 월 330만 원이 필요한 것으로 나타났다. 이것에는 우리나라 중산층의 기초 생활비와 경조사비, 여가비, 차량유지비 등이 포함되어 있다. 좀 더 풍족한 생활을 하려면 월 520만 원은 필요한 것으로 나타났다.

노후 생활비를 정확하게 계산하려면 부부가 약 30년간 함께 지출하는 생활비와 남편이 사망하기 전에 지출하는 의료비와 간병비, 아내가 남편 사별 후에 홀로 지출하는 생활비, 부인이 사망하기 직전에 지출하는 의료비와 간병비 등을 합쳐서 계산해야 한다. 최근에 경제불황이 깊어지면서 노후 생활비를 200만 원 이하로 낮게 잡는 경우도 늘어나고 있는데 노후 생활비를 결정하는 중요한 요인은 각자 노후 생활에 대한 눈높이이다.

은퇴 후 필요한 노후 생활 자금

(단위 : 만 원)

구분	항목	보통 생활	여유 생활	풍족 생활
노후 생활 자금	기본 생활비	120	150	200
	용돈	1인 10	1인 30	1인 50
	취미, 운동	1인 7	1인 15	1인 30
	차량유지비	20	30	50
	경조사비	10	20	30
	외식비	5	10	30
	기타	10	30	50
월 생활비 합계		약 200	약 330	약 520
연 생활비 합계		약 2,400	약 4,000	약 6,200
노후 생활비 합계(30년)		약 72,000	약 120,000	약 186,000

자료 : 한국경제신문

여기에 추가하여 주의를 기울여야 할 사항이 있는데 인플레이션(물가상승)이다. 은퇴 이후 필요한 생활비는 은퇴 시점까지는 물론 은퇴 생활 중에도 계속 오르기 때문이다. 예를 들어 30년 전 라면 한 개가 100원이었는데, 지금은 700원으로 올랐다. 이 같은 추세로 오르면 30년 뒤 라면 한 개가 4,900원이 될 수도 있다는 뜻이다.

만일 매년 물가상승률을 2%라고 가정하면, 월 생활비 200만 원은 10년 후 244만 원, 20년 후 297만 원, 40년 후 442만 원으로 늘어나게 된다. 따라서 노후 생활비는 물가상승률만큼 매년 늘어나도록 준비해야 한다.

흔히 연금 3종 세트(국민연금, 퇴직연금, 개인연금)를 제대로 활용하면 은퇴 자금을 준비하는 데 큰 문제는 없을 거라고 한다. 하지만 연금 3종 세트 중 미래의 물가상승을 반영하는 것은 국민연금밖에 없으며 개인연금과 퇴직연금은 인플레이션을 방어하지 못한다.

그럼 노후 생활비를 계산하는 방법을 단계별로 살펴보자.

첫째, 은퇴 후 자신이 예상하는 월간 노후 생활비 수준을 결정하고 12달을 곱해 연간 노후 생활비를 산출한다.

둘째, 매년 상승하는 물가상승률, 은퇴 생활 기간, 배우자가 홀로 생존시 생활비 수준 등을 고려하여 필요한 노후 생활비 총액을 계산한다.

셋째, 평생 수령하는 국민연금의 가치를 노후 생활비에서 차감한다.

넷째, 추가로 가입한 개인연금과 퇴직연금, 주택연금 수령액과 금융 자산 보유 금액을 감안한다.

다섯째, 최종적으로 산출된 필요 노후 생활비를 현재 물가수준으로 계산하면 된다.

노후 생활비를 계산할 때는 다양한 연금의 존재 여부와 주택연금의 사용 여부, 개인의 사정에 따라 6억 원에서 10억 원에 달하는 노후 자금 규모가 산출되어 노후에 대한 불안과 두려움을 더욱 크게 만들기도 한다.

그러나 최근 NH투자증권 100세시대연구소에서 나온 자료를 보면 미래에 예상되는 지출 금액이 아닌 60대 이후 가구주들이 현재 지출하고 있는 지출 금액으로 추정한 자료를 발표했다. 그 결과 60대 가구주가 실제 지출하고 있는 자금으로 추정한 노후 자금은 196만 원이었고, 70대는 110만 원, 80대는 59만 원, 90대는 36만 원으로 크게 줄어드는 것으로 나타났다. 이로 인해 노후에 필요한 총자금 규모는 4억 8천만 원으로 크게 감소했으며 국민연금에서 수령하는 1억 5천만 원을 빼면 개인이 실제 준비해야 할 노후 자금은 3억 3천만 원이면 된다고 했다.

이처럼 막연하던 노후 준비 금액을 실제 생활비를 바탕으로 구체화한 후 연령대별로 은퇴 시점을 고려하여 계획을 세운다면 뜬구름 잡는 식의 노후 준비가 아닌 실천 가능한 계획을 세울 수 있다. 은퇴 이후 삶에 대한 구체적인 분석과 실천 계획의 설정으로 노후를 준비해야 한다. 지금부터라도 희망을 가지고 적극적으로 노후 준비를 한다면 충분히 무전장수 시대를 극복할 수 있을 것이다.

> 필요한 노후 생활비 = 부부 공동 생활비 +
> 남편 의료·간병비 + 아내 홀로 생존시 생활비 +
> 아내 의료·간병비

05

노동 소득 중심의
생애 설계가 답이다

　내가 부지점장으로 근무하던 당시 지점 위치가 터미널과 가까워서 가끔은 퇴직하신 선배님들이 방문하셔서 은행일을 처리하셨다. 본점에서 서무원으로 근무하시다가 3년 전에 퇴직하신 L선배님이 오셨다. 그분의 은퇴 생활이 궁금하여 몇 가지 물어보았다.
　"오랜만이네요! 그동안 어떻게 지내셨어요?"
　"3년 전에 은행에서 퇴직하고 오전에는 친구가 운영하는 기업체로 출근하여 일을 하고, 오후에는 와이프와 함께 탁구도 배우고 등산도 가고 은행에서 근무할 때보다 재미있게 지내고 있어."
　"퇴직하시고 나서 생활은 어렵지 않나요?"
　"내가 퇴직하기 전에 작은 상가를 구입하였는데 월세가 150만 원 정도 나오고, 오전에 근무하는 곳에서 100만 원 정도 월급을 받고, 국민연금도 조기 수령을 신청하여 100만 원 정도 수령하고 있어서 크게 어렵지 않게 생활하고 있어. 부지점장도 퇴직 전에 노후 준비를 마치고 퇴직을 한다면 큰 걱정은 없을 거야."

L선배님은 은행에서 서무원으로 근무했지만 알뜰하게 월급을 모아서 퇴직 전에 상가를 구입했고, 퇴직 후 일자리도 마련하여 월급을 받고 있어 풍요롭지는 않으나 안정된 생활을 하고 있다고 즐거워하셨다. 은행에서 퇴직하신 다른 선배 지점장님들보다 퇴직 준비를 더욱 더 잘 해놓으신 것 같다.

그러면 L선배님이 매달 받는 100만 원의 소득은 은퇴 자금을 얼마나 굴리는 것과 같은 효과일까?

1990년대 후반 은행 정기예금 금리는 연 10%가 넘었다. 1억 원을 예금하면 1년에 세전 1,000만 원 안팎을 받을 수 있었다. 3억 원만 있어도 이자만으로 은퇴 생활이 가능했다. 그러나 지금은 아니다. 2017년 4월 기준 1년제 정기예금 평균 금리는 연 1.56%(한국은행 조사)에 불과했다. 1억 원을 예금하면 1년간 세후 132만 원을 받는다. 매월 11만 원에 불과하다. 이를 감안하면 K선배님의 월 100만 원의 고정수입은 9억 1천만 원의 정기예금에 넣어둔 것이나 마찬가지다.

은퇴 전문가들은 1%대의 초저금리 시대에선 소득을 얻을 수 있는 인적자원의 가치가 중요하다며 현역으로 일하는 시기를 연장하거나 은퇴 후 연금을 받으면서 부담 가지 않는 일을 계속하는 '연금 겸업형 라이프 스타일'을 갖출 필요가 있다고 말했다.

실제 통계청 자료를 보더라도 우리나라 65세 이상 고령자 10명 중 3명이 경제 활동을 하고 있으며 60~64세 고용률(57.2%)이 20대 고용률(56.8%)을 추월한 것으로 나타났다.

또한 2014년 55세~79세 고령층 인구 중 장래에 일하기를 원하는 비율은 62.0%로 나타났으며 일하기 원하는 주된 이유는 '생활비에 보탬(54.0%)'이 가장 많았고, 다음은 '일하는 즐거움(38.8%)'으로 나타났다.

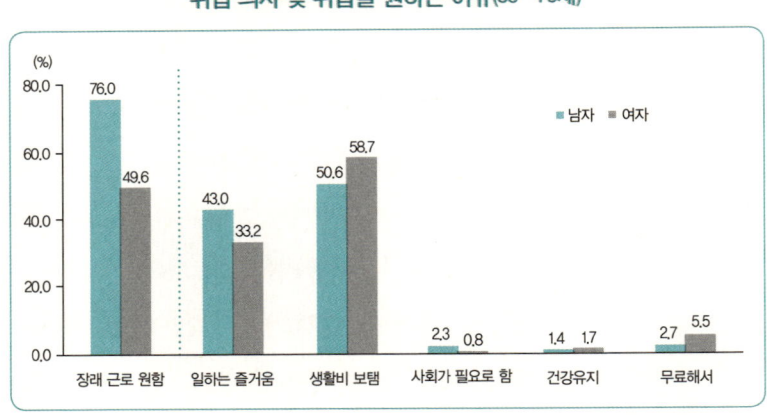

자료 : 통계청, 2014년 고령자 통계

그러면 재취업을 위하여 필요한 것은 무엇인가? 그것은 오랫동안 직장 생활을 통하여 쌓아온 경험과 노하우를 활용할 수 있는 일자리와 자신만의 주특기가 있어야 한다.

강창희 미래와금융 연구포럼 대표는 "퇴직자를 채용하려는 회사는 그 사람이 과거에 얼마나 높은 자리에 있었느냐보다는, 어떤 일을 잘할 수 있느냐를 중요하게 여기는 법이다. 자신이 잘할 수 있는 일이 무엇인지를 객관적으로 분석하고, 그에 맞는 직장과 업종을 정해 효율적인 구직 활동을 해야 한다. 마땅히 내세울 만한 주특기가 없는 경우에는 성급하게 취업 자리를 알아보기 전에 주특기를 만들 수 있도록 재교육을 받을 각오라도 해야 한다"고 하였다.

주특기는 고도의 전문지식이나 능력을 의미하지는 않는다. 사소한 능력이라도 남보다 잘하는 특기가 있다면 그것이 주특기라고 할 수 있다. 예를 들어 사람 만나는 것을 좋아한다면 영업을 잘하거나 기획능력이 있거나 강의를 잘하는 것 등이 주특기가 될 수 있다.

나이 들어서 취업을 통해 일을 하게 되면 좋은 점은 무엇이 있는가?
첫째, 부족한 은퇴 자금을 보충할 수 있다.
둘째, 회사로부터 고용보험, 의료비 지원 등 각종 복지혜택을 받을 수 있으며 국민연금 납입기간이 연장되어 더 많은 연금을 수령할 수 있게 된다.
셋째, 은퇴 후 남아도는 무료한 시간을 없애주며, 하루를 좀 더 계획적으로 보낼 수 있고, 길어진 시간에서 오는 우울증도 예방할 수 있다.
넷째, 새로운 직장을 통하여 사회적 관계를 계속 유지할 수 있게 해준다.

그러나 요즘은 은퇴 후에 일자리를 구하는 사람이 많아져서 취업이 쉽지 않다. 그러다 보니 창업에 많은 사람들이 관심을 갖게 된다. 우리나라에서 자영업을 하는 사람 중에서 50대 이상이 55%를 차지할 정도로 은퇴 후에 창업을 하는 사람들이 많아졌다.

피자집이나 치킨집처럼 소자본으로 특별한 기술 없이 단순 창업하는 것은 레드오션red ocean 시장이므로 하지 않는 것이 낫다. 창업 후 3년 이내에 폐업하는 경우가 47%나 된다고 한다. 최소한의 돈만 벌 수 있고, 실패하면 노후를 대비해 모아 둔 자산까지도 잃을 수 있게 된다. 창업을 하더라도 자신의 기술을 기반으로 한 '기술 창업'을 해야 하며 객관적인 경쟁력을 철저하게 분석하여 해야 한다.

이제 100세 시대는 피할 수도 없고, 거꾸로 되돌릴 수도 없는 시계나 다름없다.

노후의 일자리를 위해서 자신에게 과감한 투자를 해야 한다. 수명이 길어졌기 때문에 3~5년 투자를 해도 20, 30년 일을 할 수 있으므로 충분히 수지 타산이 맞다. 대학교에 들어가서 문예창작을 전공한 후 책을 출간하고 전문 작가가 된 사람도 있다. 장기적인 관점에서 전문성과 자신만의 경험을 활용한 일을 개발하여 노후를 풍요롭게 만들어 보자.

> 저금리 시대, 노후의 일자리는 선택이 아니라
> 필수라는 생각을 가져라.
> 그러면 근로 소득과 연금 소득을
> 겸하는 연금 겸업형 라이프 스타일이 가능하다.

06

소득 공백기에 대비하라

최근에 국민연금공단에서 '국민연금 가입내역 안내서'가 전달되었다.

"고객님의 예상연금월액은 현재가치 기준으로 1,468,160원으로 만 60세까지 총 421개월을 납부하였을 때를 기준으로 계산하였습니다. 연금은 만 64세에 신청하여 다음달 25일부터 매월 받게 됩니다."

예상연금월액은 현재 시점의 금액이므로 실제 연금을 받게 되실 때는 가입기간 동안의 물가상승률을 반영하므로 훨씬 많은 금액이 지급된다는 설명도 있었다.

만 55세에 퇴직하더라도 국민연금을 받기까지는 10년에 가까운 소득 공백 기간인 '마의 10년'을 기다려야 하며 납입도 5년 정도를 더 납부해야 예상연금월액을 받을 수 있게 된다.

2013년 국민연금법 개정으로 국민연금 수급연령이 5년마다 한 살씩 상향조정되었다.

출생연도	국민연금 수령시기	출생연도	국민연금 수령시기
~1952년생	만 60세	1961~1964년	만 63세
1953~1956년	만 61세	1965~1968년	만 64세
1956~1960년	만 62세	1969년 이후	만 65세

100세 시대를 앞두고 있는 지금의 55~65세 시기는 부모 세대의 55~65세 시기와 다른 점이 많다.

첫째, 소득은 줄었지만 자녀 관련 지출은 여전한 시기이다. 늦은 결혼 추세로 자녀가 대학을 졸업하기 전에 정년을 맞는 사람이 늘고 있으며, 퇴직 후에도 자녀의 대학등록금과 결혼 비용 등 부모가

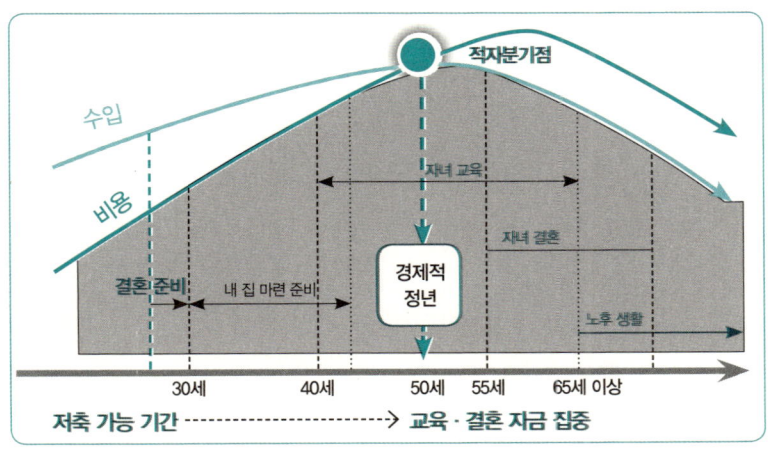

제4장 자산관리, Yes

부담해야 하는 비용이 많이 있게 된다.

둘째, 부모 부양의 부담이 남아 있는 시기이다. 이 시기에 부모 나이는 80~90세 정도 되는데 수명연장으로 부모님이 생존해 있는 경우가 많아 부모 부양도 해야 된다.

셋째, 자산 관리 방법이 '적립'에서 '인출'로 변경되는 시기이다. 은퇴 전엔 대개 노후에 쓸돈을 모으는 데 힘을 쏟지만 은퇴 후는 이렇게 모은 돈을 쓰면서 살아간다. 노후 생활의 질은 적립 못지 않게 인출도 큰 영향을 미친다. 인출 전략을 세울 때 중요한 것은 죽을 때까지 노후 자금이 부족하지 않아야 한다는 점이다. 100세 시대 도래로 평균수명이 연장되고 저금리 현상으로 자산 운용이 어렵게 되어 인출 전략을 더욱 더 치밀하게 세워야 한다.

인출 전략은 은퇴 자금, 연령, 운용수익률, 물가상승률, 생활비 등을 고려하여 수립하는 게 원칙이다. 이들 변수를 고려하여 은퇴 자금이 언제쯤 부족하게 될 것인지를 계산할 수 있다. 자산 설계 전문가들은 적정 인출률을 연 4% 내외로 보고 있다.

그럼 '마의 10년'을 고통 없이 극복할 수 있는 방법으로 무엇이 있을까?

첫 번째 방법으로 가장 기본이 되는 퇴직연금이 있다. 다니는 회사에서 직접 금융회사에 돈을 맡기는데다 원칙적으로 중간 정산이 불가능하기 때문에 회사에 다니다 보면 어느새 상당한 노후 자금이 쌓이게 된다. 퇴직연금은 크게 확정급여형(DB : Defined Benefit)과

확정기여형(DC : Defined Contribution)의 2가지 종류가 있다.

DB형은 기존의 퇴직금과 거의 비슷한 제도로 근로자가 퇴직할 때 수령하는 퇴직급여를 근무연수에 퇴직 직전 3개월간의 평균연수를 곱하여 계산한다. 퇴직직전 임금 수준에 따라 퇴직급여가 달라지기 때문에 '임금상승률'이 퇴직급여를 결정하는데 중요한 역할을 한다.

DC형은 회사가 금융기관에 해당연도 급여의 12분의 1 이상을 적립해주면 근로자가 직접 이를 운용하는 제도이다. 따라서 근로자가 얼마나 잘 운용하느냐에 따라 미래 퇴직급여가 달라지며 '투자수익률'이 퇴직급여를 결정하는데 중요한 역할을 한다.

DB형과 DC형 모두 장단점이 있기 때문에 어느 것이 좋다고 단언하기 힘들다. DB형은 임금상승률이 높은 기업에 근무하는 근로자에게 유리하며, DC형은 임금상승률이 정체되어 있거나 연봉제를 실시하는 회사 근로자에게 유리하다.

두 번째 방법으로 개인연금 상품이 있다. 노후 소득을 자신이 희망하는 수준으로 끌어올리기 위하여 개인적으로 추가 가입할 수 있는 연금상품으로 은행(연금저축신탁)과 보험사(연금저축보험), 증권사(연금저축펀드) 등에서 판매한다. 정부는 근로자의 노후 생활 안정을 위해 연금저축에 가입하는 경우 연간 400만 원까지 납입한 자금에 대하여 세액 공제 혜택을 주고 있다. 세액공제율이 12%라면 48만 원을 돌려받는다. 2015년부터는 개인퇴직연금계좌(IRP)에 대해서도 300만 원까지 세액공제가 된다. 모두 700만 원까지 불입하면 84만 원을 돌려받을 수 있으며 주민세까지 감안하면 실질적으로 환급되는 금액은 92만 4천 원에 달한다.

세 번째 방법으로 월 지급식 상품에 가입하는 방법이다. 예를 들어 월 지급식 펀드에 가입한 후 매월 일정 금액을 환매해서 노후 생활비로 사용하는 것이다. 월 지급식 펀드는 주식이나 채권투자를 통하여 운용되므로 시장 상황이 나빠지면 투자수익률이 마이너스를 기록해 원금손실 가능성이 있다.

또 즉시연금에 가입하는 방법도 있다. 목돈을 한꺼번에 보험사에 맡기고 일정한 시점부터 매달 연금으로 탈 수 있는 상품이다.

과거 먹을 게 없어 풀뿌리나 나무껍질로 끼니를 때우던 시절이 있었다. 일 년 중 가장 어려운 시기는 식량사정이 좋지 않은 봄과 초여름으로 이때는 농사지은 보리가 미처 여물지 않은 시기다. 이전까지는 지난해 농사를 지은 양식이 남아 있어 그런대로 버텼지만 이때 쯤이면 초근목피로 연명해야 했다. 이 시기를 보릿고개라고 불렀는데, 요즘 55~65세의 기간을 신 보릿고개로 비유하기도 한다.

은퇴 후 40년을 준비하는 가장 첫 단추는 바로 '마의 10년' 혹은 '신 보릿고개'의 재무 계획을 탄탄히 세우는 것이다. 국민연금 수령

시기 전에 퇴직연금, 개인연금, 월 지급식 펀드나 즉시연금 등 도중에 깨기가 쉽지 않은 족쇄 역할을 할 수 있는 은퇴 자금을 준비해놓는다면 소득 공백기인 마의 10년을 어렵지 않게 넘길 수 있을 것이다.

  이 기간을 제대로 준비한 사람은 활기찬 인생 후반전을 시작할 수 있지만, 그렇지 못한 사람은 추락하는 삶을 살 수 있다.

> 퇴직연금, 개인연금, 월 지급식 연금 상품을 통하여
> 소득 공백기인 '마의 10년'을 준비하라.
> 그러면 소득 공백기를 쉽게 넘길 수 있다.

07

풍요로운 노후
소비 마인드를 바꿔라

1966년 스탠퍼드 대학의 월터 미셸 교수는 유치원 아이들을 대상으로 마시멜로 실험을 실시하였다. 연구자는 "지금 마시멜로를 먹으면 1개만 먹을 수 있고, 15분 기다리면 2개를 주겠다"고 말했다. 이 실험 상황에서 아이들이 마시멜로의 유혹을 견딘 평균 시간은 3분이었고 거의 대부분의 아이들은 30초도 지나지 않아서 마시멜로를 먹었다. 나중에 돌아올 더 큰 보상을 기대하면서 마시멜로의 유혹을 이겨낸 아이들은 참가자의 30% 정도였다. 이 실험 이후로 일시적인 욕구를 참고 견딜 수 있는 자제력을 가진 아이들이 우수한 성과를 보인다는 '마시멜로의 법칙'이 등장했다. 마시멜로의 법칙은 풍요로운 노후 생활을 위해서도 그대로 적용된다.

퇴직 후 자산이 축소되는 상황에서 오늘의 소비에 유혹당하지 말고 내일로 연기한다면 더 많은 마시멜로를 먹을 수 있게 된다. 즉

돈쓰는 방법을 바꾸면 같은 돈을 쓰고도 조금 더 행복함을 느낄 수 있다.

최근 신문 보도자료를 보면 저성장·저금리 시대 재테크보다 절약이 먼저라는 기사를 자주 본다. 과거 고성장·고금리 시대를 살아오면서 축적된 과도한 생활비, 높은 교육비 지출, 자녀 결혼 비용, 경조사 비용 등 거품을 제거하지 않고는 행복한 노후를 맞이 할 수 없다는 내용이다.

절약은 가장 확실한 자산 운용 방법이다. 예를 들어 만 원을 써야 할 때 9천 원으로 그 일을 끝냈다면 그 순간 그렇지 못한 사람에 비해 10%의 수익률을 올린 결과가 된다. 리스크를 전혀 부담하지 않고 이런 고수익을 올릴 수 있는 금융상품은 어디에도 없다.

브리티시 컬럼비아 대학의 엘리자베스던, 하버드 대학의 대니얼 길버트, 버지니아 대학의 티모시 윌슨 교수가 2011년 '소비자 심리 학술지Journal of Consumer Psychology'에 행복한 감정을 느낄 수 있는 소비 방법에 대한 논문을 실었다. 똑같은 돈으로 더 많이 행복해질 수 있는 5가지 방법을 제시했는데 간단히 소개하겠다.

첫째, 명품 백을 사지 말고 여행을 떠나라.
나이가 들수록 사람들은 소유하고 있는 '물건'보다 과거에 했던 '경험'에서 더 많은 행복을 느꼈다고 한다. 물건을 구매하면 바로

'적응'이 되어 감흥이 빠르게 사라지지만, 경험은 '기억'을 통해 지속적으로 되살아나기 때문이라고 했다. 영화나 공연을 감상하고 책을 사서 읽고, 요즈음 TV에서 유행하는 요리 방법을 배우는 것이 적은 돈으로 구입이 가능한 경험이다.

둘째, 이기적인 이유로라도 다른 사람들을 도와주라.
자비는 받는 사람보다 베푸는 사람을 더 행복하게 만드는데, 이는 자비를 베푸는 사람이 더 많은 권한을 가지고 있다고 느끼기 때문이라고 한다. 예를 들어 좋아하는 사람에게 밥을 산다면 밥값으로 그와 함께 하는 시간과 대화의 즐거움까지 살 수 있는 것이다.

셋째, 자동차를 사지 말고 속옷에 투자하라.
비싼 물건 하나를 사는 것보다 싼 물건을 자주 사라는 의미인데 이는 빨리 '적응'하는 우리 인간의 특징 때문이다. 비싼 자동차를 사는 것보다 초콜릿이나 꽃 같은 것을 자주 사는 것이, 몇 년에 한 번 목돈이 드는 해외여행을 가는 것보다 가까운 근교를 자주 가는 것이 더 많은 행복을 준다.

넷째, 돈을 모아 현금으로 사라.
신용카드로 즉시 소비하기보다 현금을 모으며 '기대감'이라는 행복을 느껴보라는 의미이다.

마지막으로 남들처럼 살아라.

퇴직한 이후에는 눈높이를 낮추고 통속적인 영화도 보면서 남들이 행복하다고 생각하는 평범한 일을 마음 편하게 즐겨보라는 의미이다.

위와 같이 5가지 인간의 특성을 고려한 '소비의 심리학'을 잘 이해하면 좀 더 행복한 삶을 살아갈 수 있지 않을까 생각한다.

은퇴자들은 예금이나 채권 등 안전 자산 위주로 은퇴 자금을 운용하는데 저금리 시대를 맞아 수익률이 물가상승률을 따라가지 못하므로 노후 자금이 조기에 소진될 위험에 처한다. 따라서 소비를 줄이는 절약이 최고의 투자 방법이라 할 수 있다. 처음에 계획했던 노후 생활비보다 적게 쓴다면 좀 더 오랜 기간 은퇴 자금을 쓸 수 있게 될 것이다.

> 저성장, 저금리 시대 적은 돈으로 행복해지는 방법을 익혀라. 그것은 가장 투자 성과가 좋은 투자 상품에 투자하는 것이다.

/
08
자녀에게 올인은 이제 그만하라
/

영화 '국제시장'의 주인공인 덕수는 하고 싶은 것도, 되고 싶은 것도 많았지만 한번도 자신을 위해 살아본 적이 없었다. 오직 가족을 위해 살아온 덕수와 같은 베이비붐 세대는 우리나라 경제성장의 주역이었다. 존경을 받고 살아야 할 세대지만 부모 봉양과 자녀 교육비, 결혼 비용 등으로 정작 본인의 노후 대책을 세우지 못함으로써 걱정이 태산이다. 따라서 부모를 봉양하는 마지막 세대이자 자식들에게 부양받지 못하는 '끼인 세대'라고 불리운다.

내가 살고 있는 아파트에 사는 후배가 사교육비 때문에 힘들어하는 것을 본적이 있다. 중소기업 부장으로 일하는 K후배는 하나 있는 아들이 중학교에 들어간 작년부터 매달 100만 원 정도 적자를 내고 있다고 한다. 예전엔 50만 원 정도 저축을 했지만 사교육비로 인해 저축은 생각도 못한다고 했다. 그의 아들은 국어, 영어, 수학 등 필수 과목뿐 아니라 과학 등 기타 과목까지 과외를 받고 있었다. 이렇게 아들의 각종 교육비로 들어가는 돈이 한 달에 200만 원 정도라고 한다. "아들만은 꼭 특목고와 서울에 있는 SKY대를 나오게 해 전문직을 시키거나 최소한 대기업에라도 다니게 하겠다"는 아내의 말에 어쩔 수 없이 마이너스 대출로 사교육을 시키고 있다고 한다.

과거에는 자녀 교육만 잘 시키면 대부분 노후가 편안했다. 1980년대 우리나라 노인들은 노후 수입원 중 자녀의 도움이 70%를 넘었다. 하지만 지금 중년 세대는 그런 기대를 아예 접는 것이 현명하다. 현재 중년 세대가 노인이 되는 미래에는 미국이나 일본처럼 자녀 도움이 거의 없어질 게 분명하다.

물론 현재 우리나라 젊은 부모들에게 '당신은 노후에 자녀들의 도움을 기대하는가'라고 물으면 '네'라고 응답하는 사람은 거의 없을 것이다. 하지만 대답은 그렇게 하면서도 자녀 교육에 거의 모든 자금을 사용하느라 노후 대비 저축을 못하고 있다.

현대경제연구원이 조사(2011년 기준)한 바에 따르면 "가계가 적자 상태이거나 부채가 있는데도 평균 이상으로 교육비를 지출하는 '에듀푸어Edu poor(교육빈곤층)'가 전국적으로 82단 4천 가구에 이른다"고 밝혔다. 자녀가 유치원 이상 재학 중인 자녀를 둔 9가구 중 1

가구 꼴이다. 에듀푸어 가구는 다른 가구들에 비해 월 평균 120만 원을 덜 벌면서 21만 원씩 더 쓰고 있으며, 자녀 교육비로 일반 가구가 51만 원을 사용하는데 비해 에듀푸어는 87만 원을 사용하여 남들보다 한 달 평균 36만 원을 더 쓰고 있었다. 아마도 최근 자료를 살펴본다면 에듀푸어 가구는 더 증가했을 것이며 실제 교육비 지출은 훨씬 많을 것으로 생각된다. 이미 자녀 둘을 대학에 보낸 필자의 경험을 감안할 때 이 숫자는 전혀 신뢰할 수 없다는 판단이다.

최근 자료를 살펴보면 공교육비와 사교육비를 합칠 경우 유치원에서 대학까지 자녀 1명을 키우는데 들어가는 교육비는 약 1억 3,000만 원에 달한 것으로 나타났으며 자녀가 2명이면 2억 6,000만 원으로 나타났다. 앞에서 살펴본 보통 사람들의 노후 생활비 7억 2,000만 원을 감안할 때 많은 금액이라 할 수 있다.

문제는 50~60대 베이비붐 세대는 직장을 그만두는 시점에 자녀들이 대학을 간다는 점이다. 퇴직자 또는 퇴직을 앞둔 50~60대에게 1년에 800~900만 원 하는 자녀의 대학 등록금은 심각한 문제일 수밖에 없다. 사교육비를 걱정하던 시기에는 본인의 소득이 있으니 어떻게든 마련하였지만, 본인에게 소득이 없는 시기의 대학등록금은 큰 부담이 아닐 수 없다.

우리나라 40대의 가처분소득 중 교육비 지출 비중은 미국의 7배나 된다. 교육비 지출이 훨씬 적은 미국도 과도한 자녀 교육비 부담이 중산층 몰락의 원인이 되고 있는데, 자녀 교육에 올인하는 우리나라 중산층의 미래는 더욱 어두우며 은퇴 후 빈곤층으로 하락할 가능성이 더 높다.

최근에는 비싼 등록금을 내고 다녔던 대학을 졸업한 후에도 특별한 직업 없이 부모와 함께 사는 젊은이들이 많이 늘고 있다. 실업 상태이면서 교육이나 구직 활동도 하지 않는 '캥거루족'이 100만 명을 넘어섰다. 자녀의 취업이 늦어지면서 자녀 교육이 끝나고 난 후에도 부모들이 은퇴를 준비할 수 있는 기간은 더욱 더 감소하고 있다.

또한 자녀들의 결혼식 비용도 큰 부담이 되고 있다. 한국소비자원이 설문조사한 결과를 보면 자녀 결혼식에 지출하는 비용은 주택비용을 제외하고 1인당 평균 5,198만원(남자 5,414만 원, 여자 4,784만 원)을 지출했다. 신혼 가구당 주택을 구입한 경우 2억 7,200만 원, 전세를 구한 경우 1억 5,400만 원을 지출한 것으로 나타났다.

자녀 교육비와 결혼 비용, 여기에 추가하여 결혼 후에도 주거비와 양육비를 감당하지 못해 다시 부모에게 의지하게 되는 경우가 많아짐으로써 부모들의 노후 생활에 큰 부담을 안겨주고 있으며 노후 자금도 마련하지 못하고 있는 실정이 되고 있다.

자녀에게 올인하여 불행한 노후를 맞지 않으려면 교육비를 과감하게 줄여야 한다. 교육비 비중을 소득의 20% 정도로 낮추는 게 필요하다. 교육비를 절약하여 생긴 여유 자금으로 노후 대비 연금가입에 충당하는 것이 좋다.

또한 자녀 결혼 비용은 자녀 스스로 마련하도록 하는 것이 좋다. 자식에 대한 의무감이나 체면 때문에 여유가 없으면서도 자녀 결혼식에 과도하게 지출함으로써 노후를 위한 최후의 종잣돈을 날리는 것은 금물이다.

그리고 자녀들이 경제적으로 독립하여 살 수 있도록 어릴 때부터 제대로 된 경제 교육을 시키는 것이 무엇보다도 중요하다.

> 자녀에게 올인하지 마라,
> 자식 교육 = 든든한 노후 공식 이제는 안 통한다.
> 사교육비 절반만 줄여도 노후가 따뜻하다.

자산관리, Yes

1. 100세 시대 편안한 노후를 위한 재테크 전략
2. 노후 준비를 위해 생애 재무 설계에 나서라
3. 연령별 노후 준비는 이렇게 하라
4. 은퇴 후 필요한 노후 생활 자금은?
5. 노동 소득 중심의 생애 설계가 답이다
6. 소득 공백기에 대비하라
7. 풍요로운 노후, 소비 마인드를 바꿔라
8. 자녀에게 올인은 이제 그만하라

친구를 갖는다는 것은 곧 또 하나의 인생을 갖는다는 것이다.
- 발타자르 그라시안

제5장

공동체 생활
Yes

01

은퇴 후 행복
인간관계에 달려 있다

은퇴를 하고 사회 활동의 폭이 줄어드는 노년기에 들어설수록 인간관계가 더욱 중요해진다. 직업이 전문화되고 고도화될수록 인간관계도 폭이 좁아지기 쉬운데 직업상 필요한 사람만 만나다 보면 자기 주변만 아는 사람이 된다. 이럴 경우 은퇴했을 때 문제가 생긴다.

나이 들어서도 취미나 사회적 활동, 종교적인 만남 등을 통해 늘 새로운 사람을 만나며 활발하게 교류한다면 자신의 생활에 활력을 잃지 않고 행복한 삶이 가능해진다. 사회관계가 단절되어 외롭게 지내다 보면 외로움으로 건강이 악화될 수 있다. 그러다 보니 은퇴 설계에서 공동체 생활이 갈수록 중요한 부분이 되고 있다.

필자가 2장에서 소개했던 '리더스클럽'이라는 독서토론 모임이 있다. 이 클럽에서 활발하게 활동하고 있는 회원들 중에는 60세를 넘는 회원들도 있다. 그분들 중 퇴직 후 새로운 직업을 갖고 있거나 퇴직을 준비 중이신 분도 있다.

후불제여행사 투어컴(주)의 한병호 고문님은 매주 토요일 독서토론에 젊은 사람들 못지 않게 빠지지 않고 참여하고 시낭송협회 등 많은 사회 활동을 하면서 열정적으로 후반 인생을 보내고 있다.

이현동 작가님은 운영하고 있던 주유소를 정리하고 리더스클럽을 포함한 5개의 독서토론 모임에 참여하고 있다. 3P 자기관리 마스터 코치, 아동독서지도사 자격을 취득하고 강의도 하면서 ≪내 인생의 첨가제≫라는 책도 출간하시는 등 인생의 후반전을 멋지게 보내고 있다.

우리나라 은퇴자들은 전반적으로 공동체 생활에 원활하지 않는데 그 이유는 다음과 같다.

첫째, 과거 직장에서 맺어진 인간관계를 너무나 소중하게 생각한다는 점이다. 현직에 있을 때 사귄 인맥은 은퇴 후에는 크게 도움이 되지 못한 경우가 많이 있다.

둘째, 젊었을 때는 학연, 지연과 같은 기본적인 네트워크가 큰 위력을 발휘하지만, 은퇴 후에 나이가 들어 만나는 횟수가 줄어들면 점차 영향력은 줄어들고 가깝게 지내는 이웃과의 관계가 더 중요하게 된다.

셋째, 은퇴 후 생활의 중심이 일터에서 가정과 이웃으로 옮겨진다는 사실을 인식하지 못하고 예전처럼 행동함으로써 은퇴 생활이 힘들어진다는 사실이다.

800여 명의 성인 남녀의 삶을 70년이나 추적 조사한 '하버드대 성인발달 연구'의 책임자인 베일런트 G. Vaillant 교수는 한 사람이 행복하고 건강하게 나이 들어가는 것을 결정짓는 것은 지적 수준이나 계급이 아니라 좋은 사회적 인간관계라고 강조했다. 이것을 볼 때 은퇴 후의 인간관계가 건강한 노후를 보내는데 결정적인 영향을 미친다는 사실을 알 수 있다.

개인적으로 좋은 인간관계를 만들어 가기 위해 추천할 만한 것은 새로운 취미를 배우는 것이다. 취미를 즐기다 보면 동호회를 알게 되고 새로운 사람들과 관계를 맺게 된다. 이렇게 시작된 인간관계는 사회 생활을 할 때처럼 이해 관계를 바탕으로 한 게 아니기 때문에 비교적 오래 갈 수 있고, 취미를 공유하기에 쉽게 가까워질 수 있다.

나이 들어서 같은 책을 읽고 생각을 같이 하는 사람, 같은 악기를 연주하는 가운데 행복을 느끼는 사람, 봉사 활동을 같이 하는 사람, 여행을 같이 하는 사람, 그런 사람이 많이 있다면 은퇴 생활이 행복하리라 본다.

우리나라 은퇴자들은 좋은 인간관계가 부족한 경우가 많다. 오랜 기간 직장을 중심으로 사람을 만났기 때문에 사귀는 사람들의 다양성이 낮다. 게다가 학연, 지연, 혈연을 중심으로 주어지는 인간관계에 익숙하다. 이런 문제점을 극복하지 못하면 사회관계가 점점 약해지면서 노년의 외로움이 커질 것이다. 주거, 취미나 여가, 자원봉사 등을 통해 친밀한 인간관계를 구축한다면 은퇴 생활 기간은 인생에서 최상의 시기가 될 수도 있다.

> 취미 생활이나 사회적 활동,
> 종교적인 만남 등을 통해 새로운 사람을 만나라.
> 그러면 노후 생활이 활력을 잃지 않고
> 행복한 삶이 가능해진다.

02

행복한 은퇴 생활을 위한
살기좋은 공동체

　외국에서는 은퇴하고 나면 다른 사람과 어울려 사는 주거계획을 구체적으로 세우는데 이를 전문용어로 '공동체 속에서 나이 들어가기Aging in Community'라는 말로 표현하고 있다. 집을 마련하더라도 혼자서 살기보다는 많은 사람들이 서로 도울 수 있도록 공동주택을 마련하는 것을 선호한다. 다양한 사람들이 모여 사는 유명한 사례가 유럽의 '코하우징Cohousing'이다. 1960년대 덴마크에서 처음 시작되어 이제 미국, 영국, 호주, 일본 등 선진국에서 유행하고 있는 거주 방법이다. 여러 명의 지역민들이 개인 생활 영역과 공동 활동 공간을 하나의 주거에 포함시킨 생활조직인 셈이다.

　예를 들어 우리나라의 다세대주택과 같은 곳에서 식당, 도서관, 손님방을 공동으로 이용하면서도 각자의 집을 따로 마련해서 마치 일가 가족인 것처럼 친밀하게 지내는 주택을 말한다. 이렇게 서로 모여서 취미 활동, 경제 활동, 간병 등을 함께 해결할 수 있으면서 외로움을 없앨 수 있다.

외국에 비해 우리나라는 이웃과 함께 하는 공동체 문화에 익숙하지 않다. 최근 속도는 느리지만 중장년층을 중심으로 직장 생활을 하면서 봉사 활동이나 취미 활동에 적극적으로 참여하고, 노후에 참여할 공동체들과 관계를 맺어가고 있는 사람들이 많아지고 있다.

은퇴 생활의 중심은 직장이 아니라 내가 살고 있는 지역 사회다. 선진국들은 고령자들이 집에서 가까운 커뮤니티 시설에서 여가 생활을 하고 평생학습과 자원 봉사 활동에 참여하면서 활기찬 노후 생활을 누리고 있다. 지역 사회가 나서서 고령자들의 건강관리와 여가 생활을 지원하고 있다. 고령자들의 다양한 경험을 지역 사회의 자산으로 바꾸는 노력을 함으로써 지역 사회에 대한 고령자들의 귀속감이 높아지고, 고령자 부양에 따른 사회적 비용도 절감하는 효과를 얻을 수 있다.

마을 주민들이 예술인이 되어 민요마을이 된 전라북도 완주군 용진면에 있는 신봉마을이 있다. 신봉마을은 2012년 마을화합을 위해 신봉민요합창단을 만들어 1주일에 3회씩 민요와 사물놀이를 배우며 문화 공동체로 뭉쳐졌다. 47가구 110명이 살고 있는 신봉마을은 25가구가 귀촌인이라서 동네 사람들 얼굴이나 알고 지내자는 의미로 민요교실을 시작했다.

　최종순 이장(70세)이 주축이 되어 참여 단원 16명, 평균 나이 70세 이상의 여성 주민들로 구성된 합창단은 입소문을 타고 전국적인 주목을 받게 되어 한 해 30회 이상의 공연을 다니고 있다. 또한 3~4천 명의 방문객들이 마을을 찾고 있으며, 민요공연에 수수로 경단, 부꾸미 만들기 체험을 추가하여 주민소득 증가에도 긍정적인 영향을 미치고 있다.

　시간나면 고스톱치던 마을 노인들이 공연도 하고 일도 열심히 하는 일상을 즐기고 있고, 주민들도 화합으로 단결하여 활기찬 분위기를 만들어 가고 있다. 최 이장은 신봉민요합창단 내용을 담은 '신봉청춘뉴스'로 서울노인영화제에 참여하여 서울시장상을 수상

완주군 용진면 신봉마을 민요합창단 공연 모습

하기도 했으며, 지금은 행복한 마을만들기 사례를 소개하느라 바쁜 일정을 보내고 있다.

은퇴 생활에 필요한 공동체는 경제 활동, 봉사 활동, 취미 생활 목적으로 만든 모임에서부터 일상생활에서 수시로 만나서 마음을 나누는 종교 모임, 동창회 모임 등 매우 다양하다. 자신에게 맞는 공동체를 찾아 다양한 활동을 즐겨야 한다.

나이가 들어감에 따라 정서적으로 겪는 고통 중에 가장 큰 것이 외로움이라고 한다. 우리나라는 노인 인구가 600만 명이 넘어서고 있고 독거 노인의 비율이 25%에 달한다. 이웃 일본에서는 노인들이 집에서 혼자 살다 사망하는 고독사가 심각한 사회 문제로 자주 등장하는데 연간 4만 명이 고독사 형태로 사망한다는 통계가 있다. 우리나라 현실을 볼 때 장차 일본과 비슷하게 흘러갈 가능성이 높다. 지역 공동체를 적극적으로 활성화하여 고령 사회의 문제점을 해결해 나가야 한다.

우리나라 은퇴자들은 좋은 인간관계가 부족한 경우가 많다. 오랜 세월 동안 직장을 중심으로 사람을 만나 왔기 때문에 친밀한 이웃과 친구가 많지 않다. 사귀는 사람들의 다양성도 낮고 학연, 지연, 혈연, 종교 활동을 중심으로 주어지는 인간관계에 익숙하다. 이런 문제점을 극복하지 못하면 사회관계가 점점 약해지면서 노년의 외로움이 커질 것이다. 주거, 취미나 여가, 자원봉사, 자기계발 등을 통해 적극적으로 인간관계를 구축해 나가야 한다.

성공적 노화successful aging란 질병에 걸리지 않으면서 건강하게 살고, 높은 육체적·정신적 기능을 유지하고, 사회와 적극적으로 교류하며 사는 것이라고 한다. 폭넓은 인간관계를 통해 다양한 자극을 받는 것이 고독과 건강 문제를 해결하는 중요한 열쇠가 된다.

> 자신에게 적합한 경제 활동, 봉사 활동,
> 취미 활동 공동체를 찾아서 활동하라.
> 그러면 성공적 노화successful aging가 가능하다

03

신체적 건강에도 좋은 마을 공동체

    3년 전에 아버지가 돌아가시고 나서 어머니가 혼자 사실 곳에 대하여 가족들과 이야기를 나눈 적이 있었다. 36년을 사셨던 그곳에서 계속 사실건지, 아니면 혼자 생활하기가 편리한 아파트로 이사를 가는 게 좋은가를 결정하는 것이었다. 어머니와 나의 생각은 그곳에서 계속 사시는 것이 좋다는 의견이었다.

    오랫동안 거주하셨기 때문에 친구들도 많았고 마을 양로원에 가면 함께 음식도 만들어 먹으면서 세상 돌아가는 이야기도 나누다 보면 외로움을 잊을 수 있을 것 같았다. 아파트로 이사를 하면 편리하겠지만 외로움도 커지고 새롭게 적응을 하느라 힘드실 것으로 생각되어서 그곳에 계속 거주하시는 것으로 결정하였다. 현재 84세인 어머니는 매일 오후에 양로원에 나가시고 일요일에는 성당에도 빠지지 않고 열심히 다니면서 건강하게 생활하고 계시다. 지금 생각해도 잘한 결정이라고 여긴다.

　우리나라는 오랫동안 농경사회 속에 살아오면서 끈끈한 공동체 문화를 가지고 있다. 동네 애경사를 함께 나누고, 농사를 지을 때 서로 품앗이를 하고, 집안에서 맛있는 음식을 하면 이웃들에게 나눠주는 것들이 공동체 문화의 잔재다. 이런 공동체가 1970~1980년대 산업화와 도시화 과정을 거치면서 과도하게 무너지게 되었다. 최근에 와서 공동체적인 삶이 정신 건강과 신체적 건강에 좋다는 연구 결과가 많이 발표되고 있기 때문에 예전의 지역 공동체를 복원시킬 필요가 있다고 생각한다.

　말콤 글래드웰의 《아웃라이어》에 나오는 로제토 마을이 건강할 수 있었던 요인은 3대가 모여 사는 집이 많았고 인구 2천 명의 조그만 마을이지만 주민 모임이 22개나 있는 등 주민 공동체가 가진 평등주의적 정서가 그 원인이라 할 수 있다. 공동체 안에서 장수하는 사람의 비율이 증가하는 현상을 '로제토 효과'라고 부르게 된 계기가 되었다.

　우리나라에서도 전통적인 마을과 공동체적인 생활방식이 많이 남아있는 전라도의 농촌 지역일수록 건강하게 장수하는 노인들이 많다는 것도 이러한 현상을 반영한 것으로 본다. 따라서 공동체적인 생활방식은 건강하고 즐겁고 행복하게 오래 살기 위한 중요한 요소로 생각된다.

공동체를 확보하는 방법으로 다음과 같은 방법이 있다.

첫 번째 방법은 전원생활에서 공동체를 확보하는 방법이다. 많은 은퇴자들이 전원생활을 시작하고 있는데 특정한 주제로 모여서 새로운 삶을 영위하는 것도 좋은 방법이다.

두 번째는 단독주택 단지에서 공동체를 확보하는 방법이다. 몇 채의 다세대 가구나 단독주택들이 공동의 식당, 도서관, 정원을 갖추고 활발하게 공동체 생활을 하는 방법이다.

세 번째는 아파트에서 공동체를 확보하는 방법이다. 국민의 대부분이 아파트에 거주하고 있으므로 아파트에 공동체 문화를 활성화하는 일이 중요하다고 생각된다.

공동체 마을은 결코 멀리 있는 것이 아니다. 음식을 만들어서 나눠 먹고, 함께 만나 이야기도 나눌 수 있는 사람들이 있는 곳, 나이 들수록 이웃과 친구가 소중하다는 걸 알고 실천할 수 있는 곳이 바로 공동체 마을이다. 각자 주변의 모든 사람들과 허물없이 즐겁게 지내다 보면 자연스럽게 공동체를 이룰 수 있게 될 것이다.

> 우리가 살고 있는 가까운 이웃과 허물없이 즐겁게 지내라.
> 그러면 정신 건강과 신체적 건강도 좋아지고
> 장수도 하게 된다.

04

노년의 행복은
배우자와의 관계에 의해 결정된다

Q : 은퇴한 여자에게 필요한 다섯 가지는?
A : 돈, 건강, 딸, 친구, 강아지
Q : 그렇다면 은퇴한 남자에게 필요한 다섯 가지는?
A : 아내, 와이프, 처, 마누라, 안사람

요즈음 은퇴자들이 하는 우스갯소리다. 은퇴 후엔 배우자와의 관계가 행복에 결정적인 영향을 미친다는 의미이다. 어느 연구기관에 따르면 배우자가 먼저 죽고 혼자 남은 남편은 대부분 3년 이내 사망하지만, 혼자 남은 아내는 자신의 남은 수명을 다 누리는 것으로 나타났다. 이것은 대부분의 남편들이 노후에 많은 부분을 아내에게 의지해 살지만 아내의 남은 인생은 남편의 존재 유무와는 상관없다는 것을 말해준다.

일본에서는 실패한 남성 노인들을 '젖은 낙엽족'이라 부른다. '젖은 낙엽족'이란 자립하지 못하고 부인에게 모든 것을 의존하는 노인들로 마치 젖은 낙엽이 빗자루에 달라붙어 떨어지지 않듯 부인을 하루종일 졸졸 따라다니며 붙어 있다는 뜻이다. 아내를 졸졸 따라다니는 '젖은 낙엽족'이 되지 않으려면, 은퇴 후에 할 일을 미리 준비해 두어야 한다.

은퇴 준비라고 하면 많은 사람들이 은퇴 자금을 모으는 일만 생각한다. 하지만 그보다 더욱 더 중요한 준비는 '관계'에 대한 준비이다. 현대인 대부분의 관계는 직장을 중심으로 돌아가고 가정은 잠시 쉬다가 출근하는 공간이 되었다. 그러나 은퇴 후엔 가정과 사회에서 대부분의 시간을 보내야 한다.

남성들이 퇴직 후 경제권을 잃고 가정 내 권력 관계가 역전되면서 부부간 갈등을 부추기게 되는 원인이 된다. 대부분의 남편은 가장으로서 경제력을 잃고 의식주 대부분을 아내에게 의지하고 아내가 보살피는 불균형스러운 관계가 감정의 골을 만들고 있다. 특히 남성이 남편과 아내의 역할에 대한 이분법적 고정관념을 갖고 있고, 가정생활에 소극적으로 참여하는 경우에는 더욱 더 심각한 문제가 된다.

우리나라 여성 중 70% 이상이 평균수명 증가로 남편과 함께 하는 시간이 길어지면서 부부간 갈등이 커질 것을 우려하고 있다는 통계도 있다.

2013년 대법원 자료에 따르면 결혼 기간이 20년이 넘는 부부의 이혼건수는 3만 2천건으로 전체 연령 중 가장 많은 비중(26%)을 차지하고 있다. 특히 황혼 이혼율은 2006년부터 매년 꾸준히 증가하고 있는데, 이혼 사유로는 성격 차이가 절반에 달해 가장 많았고, 경제 문제와 가족 불화 등이 그 다음 요인으로 꼽혔다.

그러면 배우자와 함께 제2의 인생을 행복하고 즐겁게 보낼 수 있는 방법에 대하여 살펴보자.

첫째, 행복한 노년기를 보내기 위해서는 배우자에게 아내 또는 남편으로서 역할만을 강요할 게 아니라, 서로의 꿈을 존중하고 이를 실현할 수 있도록 적극적으로 도와주어야 한다는 것이다. 물론 부부간의 역할 변화도 서서히 진행되는 것이 필요하다. 이를 위해서는 남편들이 가부장적인 태도를 버리고 요리, 빨래, 청소 등 가사 분담에 적극적으로 나서야 한다. 최근 '차줌마' 차승원 같은 남자 연예인들이 TV에서 요리를 하는 프로가 인기가 높아진 것도 이런 현상을 반영한 것이라 생각된다.

둘째, 부부간 소통능력과 유연성을 키워야 한다. 노후의 삶의 질에는 소통능력이 중요한 영향을 끼친다. 아내가 남편에게 멀어지는 이유는 소통방법 때문이라는 게 전문가들의 의견이다. 직장 부하 대하듯 가족을 대하는 태도, 과도한 잔소리, 애정 표현과 공감

능력의 부족이 아내의 마음에 상처를 남긴다는 것이다. 하루에 한 번 '고맙다, 사랑한다, 미안하다'는 말을 하는 것도 좋은 방법이다. 또한 공통의 대화 주제를 갖기 위해 의도적으로 부부가 함께 드라마를 본다든지, 같은 취미를 갖는 방법도 있다. 소통능력은 갑자기 키워지는 것이 아니므로 40, 50대부터 유연하게 사고하고, 타인의 감정을 배려하는 능력을 키워야 행복한 노년을 보낼 수 있다.

또한 한 달에 한 번 정도는 데이트를 한다거나 일 년에 한 번 정도는 부부만의 여행을 가는 것도 좋은 방법이다. 평소에는 자녀들을 돌보느라 부부만의 시간을 갖기가 어렵다. 자녀가 독립해 집을 떠나기까지 시간이 20~26년 정도 되는데 배우자와 함께 살아야 하는 시간은 훨씬 길다. 자녀에게 베푸는 애정의 절반이라도 배우자에게 표현해보자. 서로에게 잘하기를 바라지만 말고 배우자의 입장이 되어 생각해보려는 서로의 적극적인 노력이 필요하다.

정년 후 은퇴자들이 일과 조직에서 벗어나면 그동안 소홀하게 대했던 배우자의 소중함을 깨닫게 된다. 그러나 오랜 기간에 걸쳐 벌어진 마음의 거리를 다시금 좁히는 건 생각보다 어렵다. 더구나 베이비붐 세대들은 선배 세대들에 비해 자녀 수가 적고 평균수명이 연장되었기 때문에 은퇴 후 부부가 함께 살아야 할 기간은 훨씬 길어진 상황이다.

정년 후 은퇴자들이 가장 많은 시간을 함께 보내는 사람이 배우자다. 배우자만큼 많은 경험과 추억을 공유한 사람은 없다. 은퇴 전뿐만 아니라 은퇴 후에도 배우자는 더욱 중요한 사람 자산이다. 은퇴 생활의 행복은 부부 생활의 만족도에 따라 결정된다는 사실을 인정하고 부부간 소통을 통해 서로를 이해하려는 노력이 필요하다.

은퇴 후 행복한 부부 관계를 위한 소통 10계명

1. 서로의 노고를 인정하고 칭찬하기
2. 서로의 건강 챙겨주기
3. 서로의 신체적·정서적 변화를 이해하기
4. 마음을 열고 자주 대화하기
5. 사랑하고 감사하는 마음을 표현하기
6. 감성을 나눌 수 있는 취미 생활 함께 하기
7. 서로의 꿈을 찾아주고 지지하기
8. 부부가 주인공인 삶 살기
9. 노후 준비를 위해 함께 계획 세우기
10. 삶과 죽음에 대한 성찰 함께 나누기

자료 : 한국경제 매거진

긍정적 노화란 사랑하고 일하며, 어제까지 알지 못했던 사실을 배우고, 사랑하는 이들과 함께 남은 시간을 소중하게 보내는 것이다.

- 조지 베일런트

제6장

8만 시간의 해피 라이프 Yes

01

진정한 노후 설계는
행복찾기로부터 시작한다

"은퇴를 앞둔 사람이 가장 먼저 준비해야 할 덕목은 바로 행복입니다. 돈이 아무리 많아도 내가 행복하지 않으면 성공적인 은퇴가 아닙니다. 행복한 은퇴의 첫걸음은 진짜 행복한 게 무엇인지를 찾는 것입니다. 많은 사람들이 노후를 위해 보험이나 저축에 많이 의존합니다. 재정적 준비가 곧 은퇴 이후 삶을 위한 준비라고 생각하기 때문입니다. 하지만 돈은 노후를 위한 필요조건이지 충분조건은 아닙니다. 인생 100세 시대에 은퇴란 제3의 인생을 새롭게 사는 30년이라면서 긴 은퇴 기간을 멋지게 보내기 위해서라도 행복한 부부 관계, 건강, 사회 활동, 취미, 봉사 활동 등 행복 포트폴리오를 잘 짜야 합니다."

2012년에 들었던 은퇴 관련 특강내용인데 행복한 노후 생활을 위해 어떻게 준비해야 하는지를 생각하게 하는 내용으로 오랫동안 머릿속에 기억되었다.

1장에서 정년 후 8만 시간에 대한 이야기를 했었다. 60세에 퇴직을 하고 80세까지만 산다고 했을 때, 잠자고 밥먹는 시간들을 제외하고 하루 여유 시간이 최소 11시간이라면, 20년의 여유 시간은 약 8만 시간이 된다. 100세까지 산다고 가정하면 16만 시간이라는 엄청난 시간이 남는다. 이 시간은 매우 특별한 보너스다. 직장을 벗어나 하고 싶었던 일을 맘껏 하면서 자아를 찾을 수 있는 마지막 기회인 것이다. 평생 회사에 매여 있던 사람이 은퇴를 하게 되면 남는 시간이 주체할 수 없이 많아진다. 은퇴 후 시간을 어떻게 보낼지 미리 계획하지 않으면 은퇴 직후 공황 상태에 빠지기 쉽다.

조선일보와 삼성생명이 은퇴를 앞둔 40~50대 전국 남녀 500명에게 물었더니 '은퇴는 하고 싶은 일을 할 수 있는 시간'(70.4%)이라는 대답이 가장 많이 나왔다. 그들에게 '죽기 전 꼭 해보고 싶은 일' 즉 영화 제목으로 유명한 '버킷리스트 bucket list'를 작성해 보라고 했더니 가장 많이 나온 응답은 여행(35%)이었다. 이어 종교·봉사 활동(18.5%), 공부·독서(6.5%), 건강관리·운동(6.3%)이 뒤를 이었다. 나만의 버킷리스트 10개를 만들어 보는 방법이 행복한 은퇴 설계를 향한 첫 단계라고 전문가들은 말한다.

그럼 진정한 행복은 무엇인가?

긍정심리학자인 셀리그만Seligman 박사는 행복을 3가지 요소로 설명했다.

첫째, 즐거운 삶이다. 아주 맛있는 음식을 먹을 때 느끼는 즐거움이며, 신나는 활동을 할 때 경험하는 재미이다. 행복해지고 싶다면 이런 즐거움이 어디에서 경험되는지 찾아 연습해야 할 것이다.

둘째, 의미있는 삶이다. 자신의 인생이 무엇을 향해 있고, 어디에서 보람을 느끼는지 찾을 때 우리는 삶의 의미를 경험한다. 예를 들어 살아있음에 감사할 때, 가족을 위해 헌신하고 있을 때, 누군가에게 도움이 될 때 의미를 느낀다. 우리가 성장하고 있다고 느끼는 것, 삶의 가치가 있다고 느끼는 것이 행복이다.

마지막으로 몰입하는 삶이다. 우리는 여러 가지 생각이 머릿속에 가득하고, 걱정거리로 가득 차 있을 때 행복해지기 쉽지 않다. 일에 집중하는 그 순간, 열심히 운동하며 몰입하는 순간, 무엇인가에 집중하는 순간에 뿌듯함과 만족감을 느낀다. 이게 행복인 것이다.

진정한 행복은 물질의 소유가 아니라 마음의 상태에서 오는 것임을 알고, 행복한 노후를 위해서 즐거움, 의미, 몰입을 균형있게 채워가기 위한 연습이 필요하다.

필자 자신도 행복해지기 위해 매일 실천하고 있는 세 가지 방법을 소개하겠다.

먼저 감사하는 마음을 기르는 것이다. 7년 전부터 하루 5가지 감사일기를 쓰고 있는데 감사할 내용을 적는 동안 기쁨과 행복, 삶에 대한 열정이 많이 느껴진다.

둘째, 긍정적인 생각을 갖도록 노력하고 있다. 물이 반 정도 담긴 컵을 보며 반이나 남아 있다고 보는 사람들이 있는가 하면 반이나 비어 있다고 생각하는 사람도 있다. 나는 '물이 반이나 남아 있다'고 보는 긍정적인 시각을 가진 사람이 되려고 노력한다. 그렇게 하면 마음의 평화도 오고 삶에 대한 만족도도 커진다.

셋째, 지금 이 순간에 집중하는 것이다. 많은 사람들이 미래에 대해 고민하느라 스트레스가 커지고 지금 이 시간을 소중히 여기지 않는 경우가 있다. 바로 이 순간, 내가 있는 바로 이 곳에 대해 감사하는 마음을 가지려고 한다. 인생의 모든 순간을 즐기고 소중하게 여긴다면 누구나 행복해질 수 있다.

행복한 노후란 배우고 일하고 즐기고 나누며 함께 하는 삶을 말한다. 이제부터는 풍요로운 노후보다는 행복한 노후를 추구해야 한다. 덜 가지고 좀 더 즐기고 활발하게 남과 교류하며 나누는 삶을 목표로 하자. 가진 것을 나눌수록 행복은 늘어나고, 마음을 남에게 활짝 열수록 더 가득차게 된다는 말이 현명하게 나이 들어가기 위한 중요한 원칙이라 생각한다.

> 나만의 버킷리스트 10개를 만들어 보라.
> 그러면 행복한 노후 설계를 위한 첫걸음을 시작할 수 있다.

02
영혼을 풍요롭게 하는 여가 활동

부지점장으로 근무하던 당시 우리 지점의 오랜 고객이신 건축자재 회사를 운영하시는 김 회장님께서 오랜만에 방문하셨다.

"회장님! 안녕하세요. 오랜만에 오셨네요. 요즘도 색소폰 공연 많이 다니시죠?"

"부지점장! 우리 해피니스 공연단이 이제는 유명해져서 해외공연까지 다니고 작년보다 더 바빠졌어."

김 회장님은 올해 77세로 색소폰 공연팀인 '해피니스 공연단' 회장님이시다. 해피니스 공연단의 평균 연령은 75세로 창단된 지는 6년이 되었으며, 작년 한 해 동안 일본 공연을 포함하여 99회의 공연을 했다고 하셨다. 양로원이나 복지관 등 어르신들이 많이 계시는 곳에서 공연을 하신다. 그래서 요즘도 연습하는데 많은 시간을 보내고 있다고 하셨다. 사업체를 아들에게 넘겨주고 남은 시간을 색소폰 연주로 여가 활동을 하고 계시는 회장님의 얼굴에는 항상 여유로움과 건강함이 넘쳐 보여 10년 이상은 젊어 보였다.

평생을 쉬지 않고 달려온 우리나라 은퇴자들은 영혼을 풍요롭게 하는 취미와 여가 활동을 꿈꾼다. 하지만 열심히 일만 하고 달려온 탓에 이렇다 할 취미 활동이 전혀 없는 상황이다. 선진국에서는 은퇴자들이 다양한 여가 활동을 즐기고 있는데 비해 우리나라 은퇴자들은 TV 시청이나 집에서 쉬는 것으로 여가 생활을 보내고 있는 경우가 많다.

한국 갤럽이 2014년에 13세 이상 남녀 1,700명에게 좋아하는 취미를 조사한 결과 등산 14%, 음악감상 6%, 운동·헬스 5%, 게임

한국인이 좋아하는 취미 – 성/연령별 상위 5위(% 자유응답)						
	10대	20대	30대	40대	50대	60대
남성	게임 25 축구 15 음악감상 13 농구 9 운동/헬스 8 (없음 5)	게임 20 운동/헬스 11 음악감상 9 축구 9 영화관람 7 (없음 5)	운동/헬스 10 등산 9 낚시 8 여행 7 게임 6 축구 6 (없음 6)	등산 25 낚시 10 여행 9 골프 6 운동/헬스 6 (없음 8)	등산 25 골프 11 운동/헬스 7 낚시 6 여행 4 바둑 4 (없음 11)	등산 25 바둑 11 걷기/산책 7 낚시 6 TV 시청 3 운동/헬스 3 (없음 13)
여성	음악감상 27 게임 9 그림그리기 7 독서 7 TV 시청 5 (없음 8)	음악감상 15 영화관람 11 독서 11 게임 5 여행 4 수영 4 (없음 6)	영화관람 10 음악감상 10 독서 9 등산 5 운동/헬스 5 (없음 12)	등산 20 독서 7 음악감상 7 영화관람 4 여행 4 (없음 10)	등산 23 요리 6 걷기/산책 6 뜨개질 5 독서 5 (없음 14)	등산 15 걷기/산책 12 TV 시청 7 노래 5 독서 4 원예 4 (없음 22)

자료 : *2014년 10월 2일~29일 전국 만 13세 이상 남녀 1,700명 면접 조사
*성/연령별 상위 5위까지만 제시. 한국갤럽

5%, 독서 5% 등의 순서로 나타났다. 특히 40대 이후 남녀 모두 등산이 가장 좋아하는 취미로 나타났는데 다른 취미와 운동에 비해 남녀노소 누구나 즐길 수 있고 힐링도 되고 건강에도 좋은 취미이기 때문일 것이다.

세계적인 뇌과학자인 존스홉킨스 대학의 가이 맥칸은 ≪젊은 뇌를 지녀라≫에서 취미 생활을 하면 평소 사용하지 않았던 뇌의 신경세포를 자극하게 되고 뇌의 회로를 더욱 긴밀하게 한다면서 가벼운 정신 활동으로 6~7년 정도 지능의 노화를 더디게 할 수 있다고 했다.

오카리나, 우쿨렐레, 대금 등과 같은 악기연주, 판소리, 그림 그리기, 사진찍기, 여행, 스포츠 등 평소 하고 싶었던 취미 활동을 한다면 행복한 은퇴 생활을 즐길 수 있다. 또한 취미 생활을 하다 보면 새로운 사회 활동의 기반이 될 수 있다. 같은 취향을 가진 사람을 만나게 되고 그곳에서 또다시 인간관계가 형성된다. 그러다 보면 사회단체나 동호회에 속해서 좀 더 활발한 활동을 할 수 있다. 취미와 여가 생활을 생각할 때 삶의 단계에 따라 다양한 취미 포트폴리오를 구성하는 것도 좋은 방법이다.

그럼 취미 생활을 위한 다섯 가지 원칙을 살펴보자.

첫째, 자신에게 맞는 취미를 찾아야 한다. 사무직으로 많이 움직이지 않는 직업을 갖고 있다면 많이 움직일 수 있는 사진이나 스포츠 취미를, 두뇌를 많이 쓰는 직업은 자연과 호흡할 수 있는 원예나 도예 등이 좋다.

둘째, 취미 생활을 할 여유가 없다고 시간 핑계를 대지 말아야 한다. 취미 생활을 위해 시간을 내는 것은 정서적으로 풍족한 노년을 위한 최적의 투자라 생각할 필요가 있다.

셋째, 취미 생활을 하면서 만들고 체험하고 찾아가는 적극적인 행동만이 취미 생활을 발전시킬 수 있다.

넷째, 객관적으로 평가받을 수 있는 전시회나 작품 발표회 등 기회를 적극 활용해야 한다.

다섯째, 한 가지 취미에서 경지에 올랐다고 생각된다면 비슷한 인접 영역으로 관심의 폭을 넓혀보는 것도 필요하다.

자신에게 맞는 취미는 자신이 직접 찾아야 한다. 즐거움을 주고, 새로운 것에 대한 호기심과 흥분을 줄 수 있는 그런 취미를 찾아보자. 은퇴 후 취미를 즐기려면 젊었을 때부터 시간과 노력을 투자해야 한다. 일에 쫓겨서 바쁘게 생활을 한 사람은 나이가 들어 취미 생활을 갖는 게 무척 어렵기 때문이다.

언젠가 책에서 읽었던 '내가 늙었을 때' 라는 시를 음미하면서 은퇴 후의 삶을 더욱 더 풍요롭게 만들 수 있는 취미를 만들어 보자.

> 자신에게 맞는 취미를 한 가지 이상 찾아라.
> 그러면 노후 생활을 위한 가장 소중한 자산을 갖게 된다.

내가 늙었을 때

내가 늙었을 때 난 넥타이를 던져 버릴 거야.
양복도 벗어 던지고, 아침 여섯 시에 맞춰 놓은 시계도 꺼 버릴 거야.
아첨할 일도, 먹여 살릴 가족도, 화낼 일도 없을 거야.

더 이상 그런 일은 없을 거야.
내가 늙었을 때 난 들판으로 나가야지.
어디로 가는지도 모르면서 여기저기 돌아다닐 거야.
물가의 강아지풀도 건드려 보고
납작한 돌로 물수제비도 떠 봐야지.
소금쟁이들을 놀래키면서

해질 무렵에는 서쪽으로 갈 거야.
노을이 내 딱딱해진 가슴을
수천 개의 반짝이는 조각들로 만드는 걸 느끼면서.
넘어지기도 하고
제비꽃들과 함께 웃기도 할 거야.
그리고 귀 기울여 듣는 산들에게
노래를 들려 줄 거야.

하지만 지금부터 조금씩 연습해야 할지도 몰라.
나를 아는 사람들이 놀라지 않도록
내가 늙어서 넥타이를 벗어 던졌을 때 말야.

― 드류 레더

류시화 ≪지금 알고 있는 걸 그때도 알았더라면≫ 중에서

03
누구나 청춘 합창단의 예비 단원이다

삶이란 지평선은 끝이 보이는 듯해도
가까이 가면 갈수록 끝이 없이 이어지고
저바람에 실려 가듯 또 계절이 흘러가고
눈 사람이 녹은 자리 코스모스가 피었네
그리움이란, 그리움이라는 이름에
사랑이라는 이름을 더하여
서로를 간직하며 영원히 기억하며
살아가고 있는 거기에
바람에 실려가듯 또 계절이 흘러가고
눈 사람이 녹은 자리 코스모스가 피었네
또 다시 가려무나 가려무나
모든 순간이 이유가 있었으니

세월아 가려무나 아름답게
다가오라 지나온 시간처럼
가려무나 가려무나
모든 순간이 이유가 있었으니
세월아 가려무나 아름답게
다가오라 지나온 시간처럼

위 가사 내용은 지난 2011년 화제를 모았던 KBS 남자의 자격 '청춘합창단'에서 우리 시대의 아버지이자 어머니들이 방송을 통해 한 편의 드라마와 같은 감동을 주었던 합창곡 '사랑이라는 이름을 더하여' 가사 내용이다.

'청춘합창단'은 15 : 1의 경쟁률을 뚫고 선정된 평균 연령 63세의 합창단으로 호텔 CEO, 교수, 평생 합창단원이었던 84세 할머니, 암으로 투병 중이었던 사람, 녹내장으로 실명 위기를 담담히 견디고 있는 사람도 있었다. 46명 한 사람 한 사람의 목소리가 서로의 멜로디가 되고 반주가 되어 주는 아름다운 합창단이었다. 인생을 살아가면서 꼭 한 번쯤은 해보고 싶거나 해봐야 할 일이 누구에게나 있다.

노래와 합창 실력보다는 그들처럼 살아왔거나 살고 싶었을, 그들처럼 살아가게 될 다양한 인생이 있었기에 그들의 합창에 귀를 기울이게 되었다. 우리 모두가 맞이하게 될 제2의 인생의 모습이었다. 우리 모두는 그들처럼 청춘합창단의 예비단원인 것이다.

그들은 'KBS 합창경연'을 마지막으로 방송 활동을 마친 이후, 민간합창단인 '청춘합창단'으로 재창단해 소외된 이웃을 찾아가는 공연 등 다양하고 왕성한 활동을 펼치며 나눔과 희망의 아이콘이 되어 활동하고 있다. 2015년 6월에는 각국의 외교관이 지켜보는 뉴욕 유엔본부에서 공연을 했다. 유엔본부에서 노래를 부르겠다던 청춘합창단 단장인 권대욱(64세) 아코르 앰배서더 코리아 사장의 소망이 실현되었다. 그는 인터뷰에서 다음 꿈을 준비하고 있다고 하면서 이렇게 덧붙였다. "꿈을 향해 달려가는 동안은 눈이 반짝이고 가슴이 뜁니다. 꿈이 꼭 거창할 필요는 없습니다. 주변의 시선을 의식하지 말고 도전하세요. 내 마음에 부끄러움이 없다면 무엇이 두렵습니까." 그의 다음 꿈은 시군 단위로 시니어 합창단을 조직하여 합창의 즐거움을 널리 전파하는 일이다. 그의 열정으로 유엔본부 공연을 실현했듯이 다음 꿈도 꼭 이루리라 기대해본다

인생의 황혼기에 접어들어 생의 마지막을 준비하는 이들을 가리켜 보통 노인老人이라 부른다. 사회적으로 볼 때 그들은 현역에서 은퇴하고 사회의 전면에서 점차 사라지는 위치에 있다는 점에서 나이가 들어 자신이 노인이 됨을 달가워할 이는 없을 것이다. 그러나 청춘합창단을 보면서 노인老人이란 누구도 달가워하지 않는 NO人이 아니라 여전히 용광로와도 같은 뜨거운 열정의 에너지를 가지고 살아가는 노인爐人이다는 사실이다. 이것은 사회적으로나 개인적으

로나 모두에게 중요한 의미가 있다. 세월이 흘러 나이를 더 먹으면 나 자신도 노인이 되기 때문이다.

누구에게나 노후는 온다. 오늘의 무게를 지탱하느라 노후가 오고 있다는 것을 외면한 채 견디고 있는 것일 수도 있다. 젊은 시절부터 노후에도 할 수 있는 것, 노후에 꼭 하고 싶은 것을 준비하도록 하자.

노래를 부르면서 행복을 느낀다면, 또 춤을 추면서 만족감을 느낀다면, 산에 오르면서, 여행을 하면서, 사진을 찍으면서, 아니면 봉사 활동을 하면서 기쁨을 느낀다면 노후의 의미있는 일을 찾을 수 있을 것이라 생각된다. 그런 의미있는 있을 미리미리 준비하자.

은퇴는 그동안 돈을 버느라 뒷전으로 미뤄 두었던 정말 하고 싶었던 일을 하면서 청춘을 합창할 수 있는 좋은 기회가 될 것이다.

> 노후에 할 수 있는 것, 꼭 하고 싶은 것을 준비하라.
> 그러면 자신만의 의미있는 일을 하면서
> 당당한 노후를 보낼 수 있다.

04

은퇴 후 자기계발로
평생 학습의 즐거움을 갖자

생애주기가 길어지면서 평생 교육이 화두로 자리잡고 있다. 지식 기반 사회 진전과 급격한 고령화는 평생 한 직장에서 한우물 파기를 어렵게 만들었다. 나이에 따라 일과 삶이 변화하는 '인생 4계季, 100세 시대'는 준비하고 맞지 않으면 축복이 아닌 재앙으로 다가온다고 앞에서 언급했다.

평생 학습이 더 이상 학령기 교육을 보충하는 소극적 차원이나 취미·교육·오락 생활의 연결선 상에서 이해되는 시기는 지났다. 삶이 길어진 만큼 인생 2모작, 3모작이 가능해진 시대에 행복한 은퇴자를 만드는 것이 바로 평생 학습인 것이다.

은퇴 후 가장 바람직한 자기계발 방법은 자기가 가장 좋아하는 분야, 하고 싶은 분야를 선택하는 것이다. 평소에 자신의 관심 분야를 잘 살펴보고 앞으로 얼마동안 공부할 것인지 자기계발 포트폴리오를 미리 수립해보는 것이 좋다.

현재 전국적으로 약 4,000개의 평생 교육기관이 있다. 각 지역마다 대학교 부설 평생교육원, 사이버대학, 방송통신대, 한국폴리텍대학, 언론기관, 사회단체, 지방자치단체 등 다양한 형태로 은퇴자들에게 공부할 기회를 많이 제공하고 있다. 자신의 관심 분야를 저렴한 비용으로 쉽게 배울 수 있는 기회가 많이 있다.

나는 자기계발 방법으로 독서만큼 쉬운 방법은 없다고 생각한다. 책을 본다는 것은 남의 생각을 들여다보는 것과 동시에 그들의 삶을 간접적으로 경험하는 것을 의미한다. 그런 의미에서 독서는 자신의 경험을 넓힐 수 있는 가장 간편한 방법이다. 특히 은퇴자들도 손에서 책을 놓아서는 안된다고 생각한다. 대학을 졸업했다고 공부를 그만두지 않는 것처럼 은퇴를 했다고 책을 놓아서는 안되며, 기대수명이 크게 늘어난 고령화 시대에 무언가를 꾸준히 배워나간다는 것은 선택이 아닌 필수가 되었다.

나이가 들면 새로운 것을 받아들이기 쉽지 않다. 하지만 책 앞에서는 누구나 평등하며 오히려 오랜 세월 겪은 자신의 경험이 독서에 큰 도움을 준다. 같은 책이라도 책에서 얻을 수 있는 지혜의 깊이가 나이에 따라 다르기 때문이다. 특히 은퇴자들에게는 자신의 삶을 살펴볼 수 있는 인문학 책에 주목할 필요가 있다. 왜냐하면 자신의 철학이 없는 상태로 은퇴 생활을 보내기에는 살아갈 날이 너무나 길기 때문이다.

은퇴 강사로부터 들었던 90세 노인의 사례가 있다.

어떤 90세 노인이 자신의 삶을 후회했다고 한다. 60세에 은퇴한 뒤 30년 동안 아무것도 한 게 없다는 것이 그 이유였다. 그 노인은 은퇴 직후 자신의 나머지 시간을 덤이라고 생각했다고 한다. 그런데 문제는 30년이 넘도록 아직 숨을 쉬고 있다는 데 있었다. 그 노인은 허송세월을 보냈다고 한탄했다. 그리고 다시 10년 동안 영어 공부를 해서 100세에 해외여행을 가겠다는 목표를 세웠다고 한다.

많은 은퇴자들이 구체적인 계획없이 은퇴를 하고 있다. 준비없는 은퇴는 당사자에게 상당히 불행한 일이다. 그러나 늦었다고 생각할 때 먼저 행동하는 사람들은 앞서 갈 수 있다. 자신이 무엇을 할 지 모르겠다면 책을 통하여 먼저 이룩한 사람들에게서 지혜를 구하는 만큼 좋은 방법은 없다고 생각한다.

"저 역시 갑자기 은퇴를 하게 된 후 걱정이 많았습니다. 막막했죠. 그때 저에게 가장 큰 도움이 된 것이 바로 책이었습니다. 자주 서점에 가서 나에게 필요한 책을 찾았어요. 힘들었지만 나름의 방향을 잡는데 도움이 됐습니다. 사실 인생 여정은 고독한 싸움의 연속이에요. 가족들도 격려는 할 수 있지만 현실적인 도움이 되기는 어려워요. 자기 자신을 가장 잘 아는 사람은 바로 자기 자신뿐이기 때문입니다. 좋은 책 한 권을 고르세요. 그리고 전문 교육기관의 도움을 받으세요. 좀 더 자신감 있게 자신의 미래를 그릴 수 있을 겁니다."

퇴직하고 성공한 강사로 활동하고 있는 사람의 인터뷰 내용이다. 그는 은퇴 생활의 해법을 책에서 찾는다면 자신의 나머지 시간을 '인생의 덤'이 아니라 또 다른 '전성기'로 만들 수 있다고 자신했다.

은퇴자들의 평생 학습과 독서를 통한 자기계발 노력은 은퇴 생활의 활력과 보람을 찾을 수 있다. 현역시절 자기계발의 목적이 경쟁사회에서 살아남기 위한 생존 수단이었다고 한다면, 은퇴 후에 하는 자기계발은 자기 인생의 목적과 가치를 발견하고 여유로운 생활을 즐기기 위한 중요한 방법이라고 할 수 있다.

> 은퇴 후 자기가 좋아하는 분야,
> 하고 싶은 분야를 선택하여 학습하라.
> 그러면 인생의 또 다른 전성기를 만들 수 있다.

05

사회 공헌활동으로 새로운 삶을 시작하자

과거 고도 경제성장의 주축이었던 베이비붐 세대들이 사회 봉사 현장에서 제2의 땀을 흘리고 있는 사람이 많이 생기고 있는 것은 바람직한 현상이다.

고령자를 대상으로 한 심리조사 결과를 보면 가장 행복한 은퇴자들은 퇴직한 후 집에서 마음껏 휴식을 취하는 사람들이 아니고 마음속에서 우러나오는 일을 하거나, 자원봉사를 통해 그들이 속해 있는 사회에 봉사하는 사람들이라는 것이다.

봉사는 내가 가진 돈과 시간을 이웃과 함께 나누는 행동이라고 정의된다. 은퇴자들이 가장 많이 가지고 있는 시간을, 경험이 많은 분야를 가지고 나누면 된다.

지난 한 해 경기침체와 구조조정 여파로 수만 명이 정든 직장과 회사를 떠났다. 50대 전후의 베이비붐 세대가 퇴직 러시의 중심에 있다. 그들은 퇴직하고도 특별한 경우가 아니면 뭔가 할 일을 찾아 나선다. 몸에 밴 경험과 기술이 아깝고 무엇보다도 일할 수 있는 건강이 있기 때문이다. 그러나 재취업은 생각보다 쉽지 않기 때문에 그 대안으로 정부와 지방자치단체가 추진하고 있는 '사회 공헌활동'이 주목받고 있다. 예를 들어 고용노동부는 베이비붐 세대의 사회 공헌활동을 적극적으로 지원하기 위해 50세 이상의 퇴직자를 비영리단체, 사회적 기업 등에 매칭시켜 사회 서비스를 확산하고 있는 프로그램인 '사회 공헌활동 지원 사업'을 추진하고 있다.

사회 공헌활동 분야와 유형도 확장되는 추세이며 일부 퇴직자는 사회 공헌활동을 인생 이모작 차원에서 준비하고 있다. 예를 들어 퇴직 전 자신의 전문성과 경험을 살려 수출 관련 사회적 기업에서 수출 관련 상담 전문가로 봉사하거나, 퇴직 전에 웃음치료사 등 자격증을 갖춰 복지관 등에서 레크리에이션 봉사 활동을 하시는 분도 있다.

사회 공헌활동에 따르는 수당과 실비도 지급하고 있으므로 자신의 취미와 여가를 병행하면서 퇴직 뒤에 단절되는 공백을 메우고 보람과 가치를 느끼며, 당장 생계보다는 사회 공헌에 관심있는 퇴직자라면 지원해 볼만하다.

그러나 최근 발표한 자료에 따르면 고령자들, 특히 장년층 남성

중 봉사 활동에 참여할 뜻은 있지만 실제 현장과 연결되는 경우가 많지는 않은 것으로 나타났다. 행정자치부가 발표한 '2014 한국인의 자원봉사, 기부, 이웃돕기' 분석 자료에 따르면 50대 전체의 자원봉사 참여의향이 35.5%인데 반해 50대 남성의 자원봉사 참여율은 16.2%에 불과했고, 여성의 자원봉사 참여율은 30.9%로 나타났다. 이것은 젊어서 자원봉사를 해본 경험이 없기 때문에 나이 들어서도 뜻은 있지만 참여하기가 어렵게 된다는 뜻이다. 따라서 노후 봉사 활동에 관심있는 사람들은 젊어서부터 봉사 활동에 관심을 가지고 참여하는 것이 좋다.

자원봉사는 한 번 도전하면 자신의 새로운 적성을 찾을 수 있는 좋은 기회가 될 수도 있다. 즉 자원봉사를 하면서 얻게 되는 새로운 기술과 경험은 나중에 본인이 새로운 직업과 사업 아이템을 찾을 때 큰 도움이 되기도 한다. 따라서 자원봉사는 남만 돕는 게 아니라 자신도 돕는 일이라 할 수 있다.

〈자원봉사 활동의 종류〉

분 류	주요 활동 분야
사회 복지 활동	- 장애아동, 저소득 직장 여성의 아기 돌보기 - 장애아동 통학보조, 노약자·장애인 목욕 보조 - 가정방문(청소, 세탁, 말벗, 식사준비 등)
행정 보조	- 공공기관, 구청, 동사무소, 경찰서, 복지시설에서 업무 보조
문화 행사	- 음악, 무용, 연극 등 소규모 공연 봉사 - 복지기관 및 공공기관 행사시 공연 봉사
교육·환경 캠페인	- 교통정리, 주차정리 - 환경·수질·재활용 캠페인
기술 및 기능 지원	- 이미용, 차량지원, 집수리, 벽화 봉사, 전산 입력
교육 봉사	- 어린이 공부방, 학습부진아 학습 지도 - 한글, 영어, 한자 등 지도 - 문맹노인, 장애아동, 저소득층 자녀 학습 지도
상담 봉사	- 법률·세무 상담 - 청소년·여성·가족 상담, 취업 상담 - 중소기업 창업 상담
번역·통역	- 외국어 통역·번역 봉사 - 해외의 자매도시 및 저개발국을 위한 봉사

자료 : 송양민·우재룡 《100세 시대 은퇴대사전》

자신의 기술이나 전문지식을 활용할 수 있는 봉사를 통해
사회의 일원으로서 소속감과 자신감을 유지하라.
그러면 다른 사람을 돕는 것은 물론
사회에 기여하는 보람도 느끼게 된다.

06

은퇴를 희망으로 만드는 삶의 자세

얼마 전 3년 전에 퇴직하신 K지점장님과 같이 저녁약속이 있었다. K지점장님은 은행 본점 종합기획부에서 오랫동안 같이 근무했었는데 일도 잘하셨지만 항상 영어 공부를 열심히 하셨다. 같이 근무하던 후배들에게도 자기계발을 강조하시면서 젊었을 때 열심히 공부하라고 말씀하셨다.

"지점장님, 파마하신 모습을 보니 10년은 젊어보이시네요, 저와 친구하셔도 되겠어요. 퇴직하시기 전부터 공부하시던 AICPA(미국공인회계사)는 합격하셨어요?"

"내가 58년 개띠인데 퇴직 후에도 그동안 공부한 게 아까워서 서울에 올라가서 학원도 다니면서 공부를 계속 했었는데, 세월 앞에서는 힘들더군, 1차는 계속 합격하는데 2차에서 1~2문제 차이로 떨어지니 나와는 인연이 아니라고 생각해서 작년에 그만두었어."

"그러세요, 저는 지점장님께서 열심히 하셔서 합격하신 줄 알았어요"

"다행히 그동안 공부했던 실력을 인정받아 올해 한 공사에 계약직으로 합격하여 상담역으로 근무하고 있는데 근무여건이 좋아서 즐겁게 일하고 있어."

지점장님께서는 50대 후반이신데도 지금도 현직에서 일을 하시고 여행도 자주 하시며 책보기를 즐겨하신다고 하니 은퇴자의 어두운 모습은 전혀 볼 수가 없었다.

은퇴하면 가장 먼저 무엇이 떠오르는가? 공기좋고 경치좋은 시골에 전원주택을 멋지게 지어놓고 채소를 기르며 여유롭게 즐기고 있는 모습이 그려지는가? HSBC보험그룹이 세계 17개국의 경제활동인구(30~60세) 1만 7,000명을 대상으로 조사한 결과 우리나라 사람들은 '은퇴'하면 떠오르는 것으로 '경제적 어려움, 두려움, 외로움, 지루함' 등을 꼽았으며 해외 주요 국가에선 주로 '자유, 행복, 만족' 등 긍정적인 단어를 선택했다. 한국인 중 55%는 은퇴라는 단어에서 경제적 어려움을 가장 많이 떠올렸는데 이는 17개국 중 가장 높은 수치였다. 우리나라 사람들은 직장 생활 대부분을 힘들게 일했음에도 불구하고 은퇴 후에도 경제적 어려움에 마음 편할 날이 없다고 하니 안타까운 현실이다.

최근에 대두되는 은퇴 관련 뉴스를 보더라도 밝은 면보다는 어두운 면이 많다. 노후 자금으로 6~7억 원이 필요하다거나 은퇴 준비가 안된 사람이 많은 가운데 평균수명 100세 시대가 오고 있다는 소식, 700만 명이 넘은 베이비붐 세대가 대거 퇴직하면서 통닭집이나 피자집 등의 자영업에 뛰어 들었다가 망해서 신용불량자가 되었다는 슬픈 소식도 빼놓을 수 없다.

그러나 은퇴에 대한 인식전환이 필요한 시점이다. 은퇴 준비의 핵심은 마음의 다스림이다. 자신의 마음을 잘 다스리는 사람만이 은퇴 후 삶이 행복할 것이다.

"끝이 아니라, 새로운 시작일 뿐. 정해진 기간까지 무탈하게 마칠 수 있게 됨을, 모든 분들께 진심으로 감사드립니다.

Retire = Re + Tire. 끝이 아니라, 또 다른 시작이라고 합니다. 새롭게 달리기 위해서 '타이어를 다시 갈아 끼운다'는 뜻이란 것을 잘 압니다. 100세 시대! 이제 겨우 절반 조금 지났을 뿐 진짜 은퇴는 30년 남았습니다. 이건 은퇴가 아니라 정확히 퇴직입니다. 인생 제1막 시작 그때처럼, 인생 제2막 또 다른 설렘으로 시작합니다.

인생 제1막이 '생존을 위한 처절한 삶'이었다면, 인생 제2막은 '성취와 사명을 위한 삶'으로 만들어 가려고 합니다. '퇴직'이라는 장벽 앞에 쉽게 무기력해지지 않으려고 합니다. 시간을 버리면서 살아가는 소비적인 인생이 아니고, 불꽃처럼 정열적으로 살아가는 생산적인 삶을 살도록 하겠습니다."

2015년 6월 30일 Y지점장께서 퇴직하시면서 사내 게시판에 올린 글인데 오래 전부터 퇴직 준비를 많이 하셨던 선배님의 글이라 그대로 옮겨봤다. 1960년생이신 Y지점장께서는 베이비붐 세대의 은퇴의 물결에 맞추어 퇴직을 하면서 인생 2막을 설렘으로 시작하고, 조그만 중소기업체에서 일하더라도 쉼 없이 일할 수 있음을 기뻐한다고 하시면서 퇴직하셨다.

은퇴를 희망으로 만드는 삶의 자세로 먼저 은퇴에 대해 부정적인 생각을 하지 말아야 한다. 은퇴는 일^{work}에서 은퇴하는 것이지 삶^{life}에서 은퇴하는 것이 아니며, 은퇴는 인생의 종착역이 아니라 후반전 인생의 출발역이기 때문이다.
또한 모든 사람은 은퇴를 한다는 사실을 마음으로 받아들여야 한다. 은퇴 문제에 있어서 나도 예외는 아니며 누구나 겪어야 할 삶의 한 과정이라는 사실을 분명이 인식해야 한다.

또한 은퇴 후 삶에 대한 조감도를 미리 그려볼 필요가 있다. '자신이 바라는 삶은 무엇인가?'라는 질문에 대답을 하다 보면 그림을 구체적으로 그릴 수 있다. 그것을 배우자나 가족과 주변 사람들과 공유 과정을 통해 은퇴 준비 과정도 구체화시킬 수 있다.
부족하면 부족한 대로 나에게 주어진 현실을 인정하고 현실에 충실하다 보면 다가오는 은퇴 생활의 미래를 희망으로 만들 수 있을 것이다.

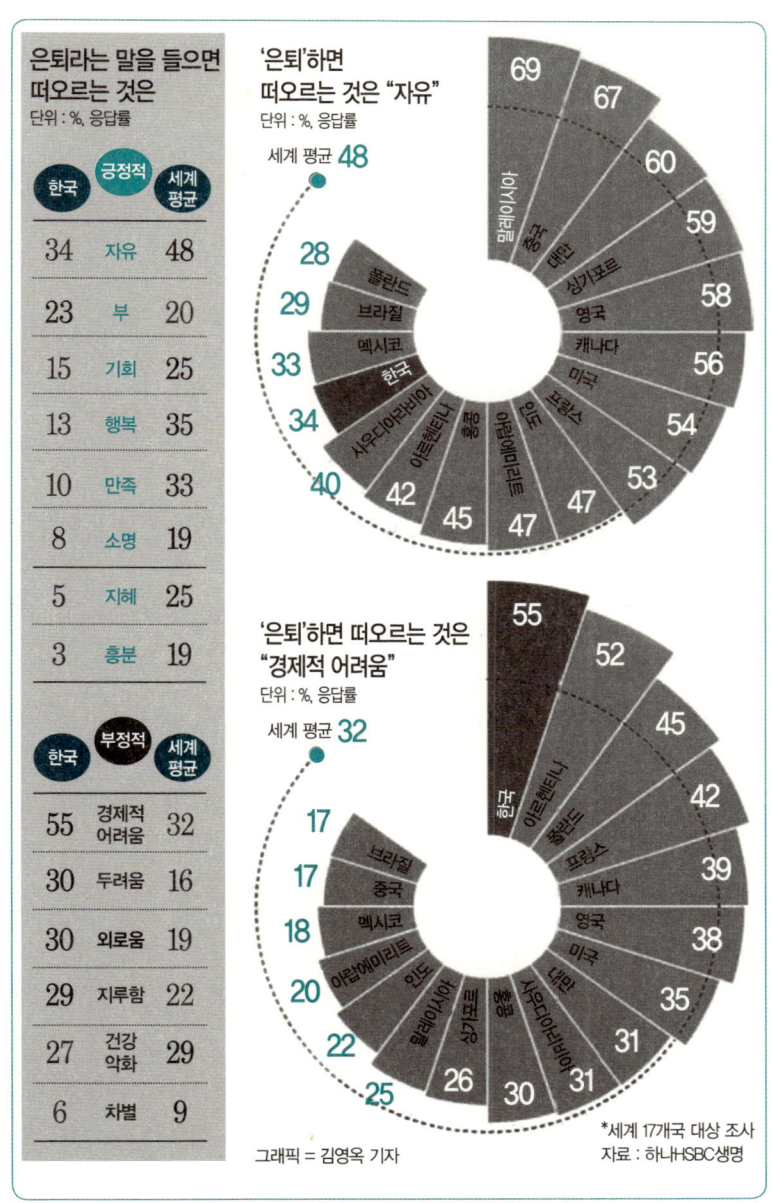

제6장 8만 시간의 해피 라이프, Yes

은퇴에 대해 긍정적인 사고와
누구나 은퇴한다는 사실을 인정하라.
그러면 은퇴를 희망으로 만들 수 있다.

부록

부록

100세 시대 5 Yes 체크리스트

1. 평생 현역 체크리스트

번호	평생 현역 체크 사항	YES	NO
1	퇴직 후 제2의 일을 하기 위한 준비를 하고 있습니까?		
2	은퇴 후 일 또는 사회 봉사 활동에 대한 계획이 있습니까?		
3	은퇴 후 일에 대해서 배우자/가족들과 대화하고 있습니까?		
4	자신의 취미와 경험을 살려 일을 하려고 하십니까?		
5	일자리에 대한 정보를 얻을 수 있는 멘토가 있습니까?		
6	퇴직 전 수입의 30% 급여를 받더라도 일을 하겠습니까?		
7	새로운 일을 배우기 위해서 직업훈련을 받을 준비가 되어 있습니까?		
8	자신의 경력 및 경험 관리는 잘하고 있습니까?		
9	본인이 하고 싶은 일이 무엇인지 찾고 있습니까?		
10	자신의 체력, 경험, 지식은 시장가치가 있습니까?		
	합 계		

2. 건강관리 체크리스트

번호	건강관리 체크 사항	YES	NO
1	동년배의 다른 사람에 비해서 건강상태가 좋다고 생각합니까?		
2	정기적으로 건강검진을 받고 있고, 앞으로도 받을 예정입니까?		
3	6개월 이상 규칙적으로 체조나 운동을 하셨나요?		
4	스트레스를 잘 관리하고 있습니까?		
5	조부모, 부모로부터 내려오는 가족력은 없습니까?		
6	곡류, 두유, 과일, 채소, 생선, 육류 등 다양한 식품을 골고루 섭취하나요?		
7	최근 6개월간 자신의 체격에 맞는 체중을 유지하려는 노력을 했나요?		
8	하루에 취하는 수면이 피로회복에 충분하다고 생각합니까?		
9	종교 활동 등을 통해 영적 건강도 유지하고 있습니까?		
10	원할 때 휴식을 할 수 있습니까?		
	합 계		

3. 자산관리 체크리스트

번호	자산관리 체크 사항	YES	NO
1	본인과 배우자가 100세까지 생존할 것을 감안한 노후 계획을 수립하였습니까?		
2	국민연금과 퇴직연금, 개인연금의 합계가 본인이 예상한 노후 생활비의 70% 이상이 됩니까?		
3	민간 건강보험을 준비했습니까?		
4	자녀 결혼 자금, 사업 자금 등 자녀 리스크에 잘 대비하고 있습니까?		

번호	자산관리 체크 사항	YES	NO
5	퇴직 후 월 지출을 50%까지 줄일 수 있습니까?		
6	자산 구조가 부동산에 70% 이상 집중되어 있지 않습니까?		
7	인플레이션에 대비한 투자에 대한 기본 지식이 있습니까?		
8	대출 등 부채정리는 순조롭게 진행되고 있습니까?		
9	은퇴에 대비해서 수입의 30% 이상을 저축하고 있습니까?		
10	계획에 의거하여 소비와 지출을 하고 있습니까?		
	합 계		

4. 공동체 생활(관계) 체크리스트

번호	공동체 생활(관계) 체크 사항	YES	NO
1	배우자와 충분히 대화하고 계십니까?		
2	자녀들과 대화를 충분히 하고 계십니까?		
3	귀하께서 갑자기 도움을 요청하면 본인 혹은 배우자의 형제자매가 기꺼이 도와줍니까?		
4	배우자와 자주 동반 외출을 합니까?		
5	마음을 털어놓을 수 있는 친구나 이웃이 있습니까?		
6	정기적으로 연락하고 만나는 친한 친구가 3명 이상 있습니까?		
7	이웃 사람과도 인사를 하고, 좋은 관계를 유지하고 있습니까?		
8	SNS를 통해서 커뮤니티를 하고 있습니까?		
9	1년에 1회 이상 자발적으로 참석하는 모임이 3개 이상 있습니까?		
10	본인이나 배우자의 형제, 자매와 자주 연락을 하고 만납니까?		
	합 계		

5. 해피 라이프(여가) 체크리스트

번호	해피 라이프(여가) 체크 사항	YES	NO
1	노후에 할 취미나 여가 생활에 대해서 생각해 본적이 있습니까?		
2	노후를 고려하여 취미, 여가 생활을 시작해 본적이 있습니까?		
3	현재 하고 있는 취미, 여가 생활이 노후에도 지속될 수 있습니까?		
4	취미나 여가 생활을 할 경우 열정을 갖고 꾸준히 지속하는 경향이 있습니까?		
5	취미나 여가 생활을 향후 직업이나 소득으로 연결시킬 세부 계획이 있습니까?		
6	현재 5개 이상의 취미, 여가 생활을 즐기고 있습니까?		
7	배우자와 함께 취미나 여가 생활을 즐기고 있습니까?		
8	현재 취미, 여가와 관련된 커뮤니티가 있습니까?		
9	국내 또는 해외여행을 하였는지 또는 구체적인 계획이 있습니까?		
10	현재 취미, 여가 생활과 관련하여 배우는 것이 있습니까?		
	합 계		

6. 자신의 현재 상태 및 차후 계획 수립

영역	평생 현역	건강	자산	공동체 생활 (관계)	해피 라이프 (여가)
현재 YES 합계					
미래 YES 합계					

7. 나의 은퇴 상태 점검

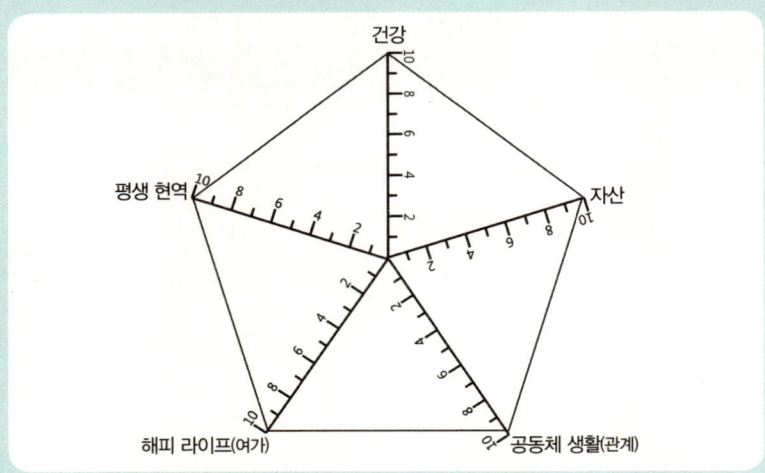

8. 나의 은퇴 목표 세우기

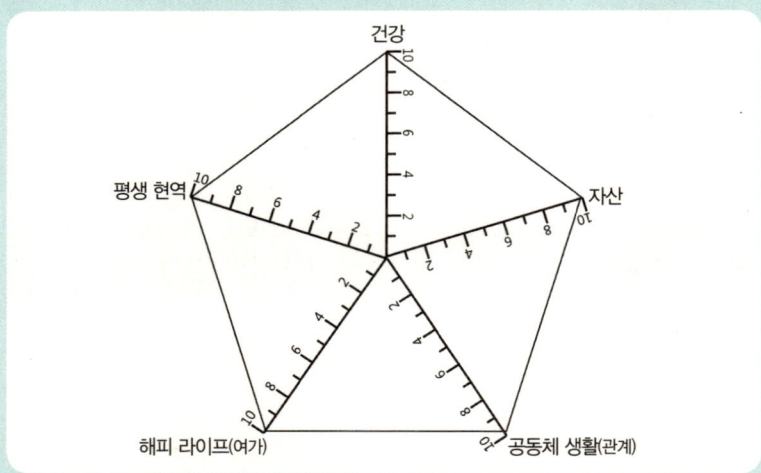

9. 영역별 버릴 것, 해야 할 것

영역	버릴 것 3가지	해야 할 것 3가지
평생 현역	1. 2. 3.	1. 2. 3.
건강	1. 2. 3.	1. 2. 3.
자산	1. 2. 3.	1. 2. 3.
공동체 생활 (관계)	1. 2. 3.	1. 2. 3.
해피 라이프 (여가)	1. 2. 3.	1. 2. 3.

10. 나의 10년 후 미래

영역	현재 (20　　년)	10년 후 (20　　년)	10년후 모습을 만들기 위해 준비할 것들
평생 현역			
건강			
자산			

부록

영역	현재 (20 년)	10년 후 (20 년)	10년 후 모습을 만들기 위해 준비할 것들
공동체 생활 (관계)			
해피 라이프 (여가)			

※ 본 자료는 〈은퇴설계전문가-Master 과정, 금융연수원〉 강의 자료 중 한국 은퇴생활연구소 박영재 소장 자료를 참고로 작성된 것임

에필로그

내일을 꿈꾸며

최근 언론에 보도되는 은퇴 관련 뉴스를 보면 밝은 내용보다는 어둡고 우울한 내용이 훨씬 많다. 은퇴 대란, 슬픈 노년, 노인 빈곤율 등과 같은 이야기는 은퇴를 앞둔 잠재적 은퇴자들에게 공포심을 유발한다. 하지만 정말 은퇴가 두렵기만 할까?

은퇴 준비도 자신이 처한 현실을 인정하고 현재 하고 있는 일에 충실하면 은퇴가 두려움이 아닌 희망이 될 수 있도록 긍정적인 삶의 자세를 유지하는 것이 필요하다.

과거 은퇴 준비는 재무적 부문에 집중되었다. 그러나 결코 돈만으로는 노후의 행복을 보장할 수는 없다. 취미와 재미를 함께 할 배우자나 친구가 있어야 하고 건강이 뒷받침되어야 한다. 이 책에서 5 Yes로 정리했던 평생 현역, 건강관리, 자산관리, 공동체 생활, 행복찾기 등 5가지에 대한 준비를 잘 한다면 꿈과 희망으로 채워지는 후반전 인생을 열어갈 수 있다고 본다. 이를 공식으로 표현하면 다음과 같다.

100세 시대의 성공(Success) = 5F(Field, Fitness, Finance, Friends, Fun)

밥 버포드가 지은 ≪하프타임≫이란 책을 보면 '전반전에서 성공했다고 인생이 성공한 것은 아니다. 전반전에서 점수를 따고 나서 후반전에 점수를 지키는 것은 그렇게 신이 나지 않기 때문이다. 전반전이 성공을 추구하는 기간이었다면 후반전은 의미를 찾아가는 여행이다.' 축구경기에는 하프타임이 있다. 기나긴 인생을 살아가면서도 우리는 하프타임을 가져야 한다. 그동안 살아온 삶을 뒤돌아보고 지친 몸과 영혼을 보살펴야 한다.

나 자신도 어느덧 50대에 들어섰으며 은행 퇴직을 4년 남기고 있다. 이 책을 준비하는 과정에서 각종 은퇴 관련 책과 자료를 보고 먼저 퇴직하신 선배님들과 인터뷰를 통해 나 자신의 은퇴 준비 상황을 점검한 것이 가장 큰 보람이다.

부디 100세 시대를 맞이하여 이 책을 읽은 독자 여러분들께서는 5 Yes로 꿈과 희망이 가득찬 행복한 노후를 준비하시기를 진심으로 바란다.

참고문헌

≪나는 매일 은퇴를 꿈꾼다≫, 한혜경 지음, 샘터
≪나는 치사하게 은퇴하고 싶다≫, 김형래 지음, 청림출판
≪뇌美인≫, 나덕렬 지음, 뇌미인
≪당신의 노후는 당신의 부모와 다르다≫, 강창희 지음, 쌤앤파커스
≪당신의 백년을 설계하라≫, 박상철 지음, 생각속의 집
≪마흔살, 내가 준비하는 노후대책 7≫, 김동선 지음, 나무생각
≪스마트 에이징≫, 김동엽 지음, 청림출판
≪아웃라이어≫, 말콤 글래드웰 지음, 김영사
≪어느날 갑자기 포스트부머가 되었다≫, 김형래·원주련 지음, 한빛비즈
≪언제까지 일만 할 것인가?≫, 백만기 지음, 이담북스
≪엄마의 돈공부≫, 이지영 지음, 다산3.0
≪우물쭈물하다 이럴줄 알았다≫, 김진영 지음, 홍익출판사
≪책쓰는 사장≫, 유길문 지음, 문예춘추사
≪1일 1식≫, 나구모 요시노리 지음, 위즈덤 하우스
≪4개의 통장≫, 고경호 지음, 다산북스
≪100세 시대 은퇴대사전≫, 송양민·우재룡 지음, 21세기북스
≪전북은행 2016-2 은퇴설계전문가-Master 과정 연수교재≫, 금융연수원

가림출판사 · 가림 M & B · 가림 Let's에서 나온 책들

문 학

바늘구멍
켄 폴리트 지음 | 홍영의 옮김
신국판 | 342쪽 | 5,300원

레베카의 열쇠
켄 폴리트 지음 | 손연숙 옮김
신국판 | 492쪽 | 6,800원

암병선
니시무라 쥬코 지음 | 홍영의 옮김
신국판 | 300쪽 | 4,800원

첫키스한 얘기 말해도 될까
김정미 외 7명 지음 | 신국판 | 228쪽 | 4,000원

사미인곡 上·中·下
김충호 지음 | 신국판 | 각 권 5,000원

이내의 끝자리
박수완 스님 지음 | 국판변형 | 132쪽 | 3,000원

너는 왜 나에게 다가서야 했는지
김충호 지음 | 국판변형 | 124쪽 | 3,000원

세계의 명언
편집부 엮음 | 신국판 | 322쪽 | 5,000원

여자가 알아야 할 101가지 지혜
제인 아서 엮음 | 지창국 옮김
4×6판 | 132쪽 | 5,000원

현명한 사람이 읽는 지혜로운 이야기
이정민 엮음 | 신국판 | 236쪽 | 6,500원

성공적인 표정이 당신을 바꾼다
마츠오 도우루 지음 | 홍영의 옮김
신국판 | 240쪽 / 7,500원

태양의 법
오오카와 류우오오 지음
신국판 | 320쪽 | 18,000원

영원의 법
오오카와 류우오오 지음 | 민병수 옮김
신국판 | 240쪽 | 8,000원

석가의 본심
오오카와 류우오오 지음 | 민병수 옮김
신국판 | 246쪽 | 10,000원

옛 사람들의 재치와 웃음
강형중·김경익 편저 | 신국판 | 316쪽 | 8,000원

지혜의 쉼터
쇼펜하우어 지음 | 김충호 엮음
4×6판 양장본 | 160쪽 | 4,300원

헤세가 너에게
헤르만 헤세 지음 | 홍영의 엮음
4×6판 양장본 | 144쪽 | 4,500원

사랑보다 소중한 삶의 의미
크리슈나무르티 지음 | 최윤영 엮음
4×6판 | 180쪽 | 4,000원

장자 - 어찌하여 알 속에 털이 있다 하는가
홍영의 엮음 | 4×6판 | 180쪽 | 4,000원

논어 - 배우고 때로 익히면 즐겁지 아니한가
신도희 엮음 | 4×6판 | 180쪽 | 4,000원

맹자 - 가까이 있는데 어찌 먼 데서 구하려 하는가
홍영의 엮음 | 4×6판 | 180쪽 | 4,000원

아름다운 세상을 만드는 사랑의 메시지 365
DuMont monte Verlag 엮음 | 정성호 옮김
4×6판 변형 양장본 | 240쪽 | 8,000원

황금의 법
오오카와 류우오오 지음 | 민병수 옮김
신국판 | 320쪽 | 12,000원

왜 여자는 바람을 피우는가?
기젤라 룬테 지음 | 김현성·진정미 옮김
국판 | 200쪽 | 7,000원

세상에서 가장 아름다운 선물
김인자 지음 | 국판변형 | 292쪽 | 9,000원

수능에 꼭 나오는 한국 단편 33
윤종필 엮음 및 해설 | 신국판 | 704쪽 | 11,000원

수능에 꼭 나오는 한국 현대 단편 소설
윤종필 엮음 및 해설 | 신국판 | 364쪽 | 11,000원

수능에 꼭 나오는 세계단편(영미권)
지창영 옮김 | 윤종필 엮음 및 해설
신국판 | 328쪽 | 10,000원

수능에 꼭 나오는 세계단편(유럽권)
지창영 옮김 | 윤종필 엮음 및 해설
신국판 | 360쪽 | 11,000원

대왕세종 1·2·3
박충훈 지음 | 신국판 | 각 권 9,800원

세상에서 가장 소중한 아버지의 선물
최은경 지음 | 신국판 | 144쪽 | 9,500원

마담파리와 고서방
아젤 지음 | 신국판 | 268쪽 | 13,000원

건 강

아름다운 피부미용법
이순희(한독피부미용학원 원장) 지음
신국판 | 296쪽 | 6,000원

버섯건강요법
김병각 외 6명 지음 | 신국판 | 286쪽 | 8,000원

성인병과 암을 정복하는 유기게르마늄
이상현 편저 | 카요 샤오이 감수
신국판 | 312쪽 | 9,000원

난치성 피부병
생약효소연구원 지음 | 신국판 | 232쪽 | 7,500원

新 방약합편
정도명 편역 | 신국판 | 416쪽 | 15,000원

자연치료의학
오홍근(신경정신과 의학박사·자연의학박사) 지음 | 신국판 | 472쪽 | 15,000원

이순희식 순수피부미용법
이순희(한독피부미용학원 원장) 지음
신국판 | 304쪽 | 7,000원

21세기 당뇨병 예방과 치료법
이현철(연세대 의대 내과 교수) 지음
신국판 | 360쪽 | 9,500원

신재용의 민의학 동의보감
신재용(해성한의원 원장) 지음
신국판 | 476쪽 | 10,000원

치매 알면 치매 이긴다
배오성(백상한방병원 원장) 지음
신국판 | 312쪽 | 10,000원

21세기 건강혁명 밥상 위의 보약 생식
최경순 지음 | 신국판 | 348쪽 | 9,800원

기치유와 기공수련
윤한홍(기치유 연구회 회장) 지음
신국판 | 340쪽 | 12,000원

만병의 근원 스트레스 원인과 퇴치
김지혁(김지혁한의원 원장) 지음
신국판 | 324쪽 | 9,500원

김종성 박사의 뇌졸중 119
김종성 지음 | 신국판 | 356쪽 | 12,000원

탈모 예방과 모발 클리닉
장정훈·전재홍 지음 | 신국판 | 252쪽 | 8,000원

구태규의 100% 성공 다이어트
구태규 지음 | 4×6배판 변형 | 240쪽 | 9,900원

암 예방과 치료법
이춘기 지음 | 신국판 | 296쪽 | 11,000원

알기 쉬운 위장병 예방과 치료법
민영일 지음 | 신국판 | 328쪽 | 9,900원

이온 체내혁명
노보루 야마노이 지음 | 김병관 옮김
신국판 | 272쪽 | 9,500원

어혈과 사혈요법
정지천 지음 | 신국판 | 308쪽 | 12,000원

약손 경락마사지로 건강미인 만들기
고정환 지음 | 4×6배판 변형 | 284쪽 | 15,000원

정유정의 LOVE DIET
정유정 지음 | 4×6배판 변형 | 196쪽 | 10,500원

머리에서 발끝까지 예뻐지는 부분다이어트
신상만·김선민 지음 | 4×6배판 변형
196쪽 | 11,000원

알기 쉬운 심장병 119
박승정 지음 | 신국판 | 248쪽 | 9,000원

알기 쉬운 고혈압 119
이정균 지음 | 신국판 | 304쪽 | 10,000원

여성을 위한 부인과질환의 예방과 치료
차선희 지음 | 신국판 | 304쪽 | 10,000원

알기 쉬운 아토피 119
이승규·임승엽·김문호·안유일 지음
신국판 | 232쪽 | 9,500원

120세에 도전한다
이권행 지음 | 신국판 | 308쪽 | 11,000원

건강과 아름다움을 만드는 요가
정판식 지음 | 4×6배판 변형 | 224쪽 | 14,000원

우리 아이 건강하고 아름다운 롱다리 만들기
김성훈 지음 | 대국전판 | 236쪽 | 10,500원

알기 쉬운 허리디스크 예방과 치료
이종서 지음 | 대국전판 | 336쪽 | 12,000원

소아과 전문의에게 듣는 쉬운 소아과 119
신영규·이강우·최성항 지음 | 4×6배판 변형
280쪽 | 14,000원

피가 맑아야 건강하게 오래 살 수 있다
김영찬 지음 | 신국판 | 256쪽 | 10,000원

웰빙형 피부 미인을 만드는 나만의 셀프 피부건강
양해원 지음 | 대국전판 | 144쪽 | 10,000원

내 몸을 살리는 생활 속의 웰빙 항암 식품
이승남 지음 | 대국전판 | 248쪽 | 9,800원

마음한글 느낌한글
박완식 지음 | 4×6배판 | 300쪽 | 15,000원

웰빙 동의보감식 발마사지 10분
최미희 지음 | 신재용 감수
4×6배판 변형 | 204쪽 | 13,000원

아름다운 몸 건강한 몸을 위한 목욕 건강 30분
임하성 지음 | 대국전판 | 176쪽 | 9,500원

내가 만드는 한방생주스 60
김영섭 지음 | 국판 | 112쪽 | 7,000원

건강도 키우고 성적도 올리는 자녀 건강
김진돈 지음 | 신국판 | 304쪽 | 12,000원

알기 쉬운 간질환 119
이관식 지음 | 신국판 | 264쪽 | 11,000원

밥으로 병을 고친다
허봉수 지음 | 대국전판 | 352쪽 | 13,500원
알기 쉬운 신장병 119
김형규 지음 | 신국판 | 240쪽 | 10,000원
마음의 감기 치료법 우울증 119
이민수 지음 | 대국전판 | 232쪽 | 9,800원
관절염 119
송영욱 지음 | 대국전판 | 224쪽 | 9,800원
내 딸을 위한 미성년 클리닉
강병문·이항아·최정원 지음 | 국판
148쪽 | 8,000원
암을 다스리는 기적의 치유법
케이 세이헤이 감수 | 카와키 나리카즈 지음
민병수 옮김 | 신국판 | 256쪽 | 9,000원
스트레스 다스리기 대한불안장애학회
스트레스관리연구특별위원회 지음
신국판 | 304쪽 | 12,000원
천연 식초 건강법
건강식품연구회 엮음
신재용(해성한의원 원장) 감수
신국판 | 252쪽 | 9,000원
암에 대한 모든 것
서울아산병원 암센터 지음
신국판 | 360쪽 | 13,000원
알록달록 컬러 다이어트
이승남 지음 | 국판 | 248쪽 | 10,000원
불임부부의 희망 당신도 부모가 될 수 있다
정병준 지음 | 신국판 | 268쪽 | 9,500원
키 10cm 더 크는 키네스 성장법
김양수·이종균·최형규·표재환·김문희 지음
대국전판 | 312쪽 | 12,000원
당뇨병 백과
이현철·송영득·안철우 지음
4×6배판 변형 | 396쪽 | 16,000원
호흡기 클리닉 119
박성학 지음 | 신국판 | 256쪽 | 10,000원
키 쑥쑥 크는 롱다리 만들기
롱다리 성장클리닉 원장단 지음
대국전판 | 256쪽 | 11,000원
내 몸을 살리는 건강식품
백은희 지음 | 신국판 | 384쪽 | 12,000원
내 몸에 맞는 운동과 건강
허철수 지음 | 신국판 | 264쪽 | 11,000원
알기 쉬운 척추 질환 119
김수연 지음 | 신국판 변형 | 240쪽 | 11,000원
베스트 닥터 박승정 교수팀의
심장병 예방과 치료
박승정 외5인지음 | 신국판 | 264쪽 | 10,500원
암 전이 재발을 막아주는 한방 신치료 전략
조종관·유화승 지음 | 신국판 | 308쪽 | 12,000원
식탁 위의 위대한 혁명 사계절 웰빙 식품
김진돈 지음 | 신국판 | 284쪽 | 12,000원
우리 가족 건강을 위한 신종플루 대처법
우준희·김태형·정진원 지음
신국판 변형 | 172쪽 | 8,500원
스트레스가 내 몸을 살린다
대한불안의학회 스트레스관리특별위원회 지음
신국판 | 296쪽 | 13,000원
수술하지 않고도 나도 예뻐질 수 있다
김경모 지음 | 신국판 | 144쪽 | 9,000원
심장병 119
서울아산병원 심장병원 박승정 박사 지음
신국판 | 292쪽 | 13,000원

교 육

우리 교육의 창조적 백색혁명
원상기 지음 | 신국판 | 206쪽 | 6,000원
현대생활과 체육
조창남 외5명 공저 | 신국판 | 340쪽 | 10,000원
퍼펙트 MBA
IAE유학네트 지음 | 신국판 | 400쪽 | 12,000원
유학길라잡이 I - 미국편
IAE유학네트 지음 | 4×6배판 | 372쪽 | 13,900원
유학길라잡이 II - 4개국편
IAE유학네트 지음 | 4×6배판 | 348쪽 | 13,900원
조기유학길라잡이.com
IAE유학네트 지음 | 4×6배판 | 428쪽 | 15,000원
현대인의 건강생활
박상호 외5명 공저 | 4×6배판 | 268쪽 | 15,000원
천재아이로 키우는 두뇌훈련
나카마츠 요시로 지음 | 민병수 옮김
국판 | 288쪽 | 9,500원
두뇌혁명
나카마츠 요시로 지음 | 민병수 옮김
4×6판 양장본 | 288쪽 | 12,000원
테마별 고사성어로 익히는 한자
김경익 지음 | 4×6배판 변형 | 248쪽 | 9,800원
생생공부비법
이은승 지음 | 대국전판 | 272쪽 | 9,500원
자녀를 성공시키는 습관만들기
배은경 지음 | 대국전판 | 232쪽 | 9,500원
한자능력검정시험 1급
한자능력검정시험연구위원회 편저
4×6배판 | 568쪽 | 21,000원
한자능력검정시험 2급
한자능력검정시험연구위원회 편저
4×6배판 | 472쪽 | 18,000원
한자능력검정시험 3급(3급II)
한자능력검정시험연구위원회 편저
4×6배판 | 440쪽 | 17,000원
한자능력검정시험 4급(4급II)
한자능력검정시험연구위원회 편저
4×6배판 | 352쪽 | 15,000원
한자능력검정시험 5급
한자능력검정시험연구위원회 편저
4×6배판 | 264쪽 | 11,000원
한자능력검정시험 6급
한자능력검정시험연구위원회 편저
4×6배판 | 168쪽 | 8,500원
한자능력검정시험 7급
한자능력검정시험연구위원회 편저
4×6배판 | 152쪽 | 7,000원
한자능력검정시험 8급
한자능력검정시험연구위원회 편저
4×6배판 | 112쪽 | 6,000원
볼링의 이론과 실기
이택상 지음 | 신국판 | 192쪽 | 9,000원
고사성어로 끝내는 천자문
조준상 글·그림 | 4×6배판 | 216쪽 | 12,000원
내 아이 스타 만들기
김민성 지음 | 신국판 | 200쪽 | 9,000원
교육 1번지 강남 엄마들의 수험생 자녀 관리
황송주 지음 | 신국판 | 288쪽 | 9,500원
초등학생이 꼭 알아야할 위대한 역사 상식
우진영·이양경 지음 | 4×6배판변형
228쪽 | 9,500원

초등학생이 꼭 알아야 할 행복한 경제 상식
우진영·전선심 지음 | 4×6배판변형
224쪽 | 9,500원
초등학생이 꼭 알아야할 재미있는 과학상식
우진영·정경희 지음 | 4×6배판변형
220쪽 | 9,500원
한자능력검정시험 3급·3급II
한자능력검정시험연구위원회 편저
4×6판 | 380쪽 | 7,500원
교과서 속에 꼭꼭 숨어있는 이색박물관 체험
이신화 지음 | 대국전판 | 248쪽 | 12,000원
초등학생 독서 논술(저학년)
책마루 독서교육연구회 지음 | 4×6배판 변형
244쪽 | 14,000원
초등학생 독서 논술(고학년)
책마루 독서교육연구회 지음 | 4×6배판 변형
236쪽 | 14,000원
놀면서 배우는 경제
김솔 지음 | 대국전판 | 196쪽 | 10,000원
건강생활과 레저스포츠 즐기기
강선희외11명공저 | 신국판 | 324쪽 | 18,000원
아이의 미래를 바꿔주는 좋은 습관
배은경 지음 | 신국판 | 216쪽 | 9,500원
다중지능 아이의 미래를 바꾼다
이소영외6인지음 | 신국판 | 232쪽 | 11,000원
체육학 자연과학 및 사회과학 분야의 석·
박사 학위 논문, 학술진흥재단
등재지, 등재후보지와 관련된 학회지 논문
작성법
허철수·김봉경지음 | 신국판 | 336쪽 | 15,000원
공부가 제일 쉬운 공부 달인 되기
이은승 지음 | 신국판 | 256쪽 | 10,000원
글로벌 리더가 되려면 영어부터 정복하라
서재희 지음 | 신국판 | 276쪽 | 11,500원
중국현대30년사
정재일 지음 | 신국판 | 364쪽 | 20,000원
생활호신술 및 성폭력의 유형과 예방
신현무 지음 | 신국판 | 228쪽 | 13,000원
글로벌 리더가 되는 최강 속독법
권혁천지음 | 신국판 변형 | 336쪽 | 15,000원
디지털 시대의 여가 및 레크리에이션
박세혁지음 | 4×6배판 양장 | 404쪽 | 30,000원

취미 · 실용

김진국과 같이 배우는 와인의 세계
김진국 지음 | 국배판 변형양장본(올 컬러판)
208쪽 | 30,000원
배스낚시 테크닉
이종건 지음 | 4×6배판 | 440쪽 | 20,000원
나도 디지털 전문가 될 수 있다
이승훈 지음 | 4×6배판 | 320쪽 | 19,200원
건강하고 아름다운 동양란 기르기
난마을지음 | 4×6배판 변형 | 184쪽 | 12,000원
애완견114
황양원 엮음 | 4×6배판 변형 | 228쪽 | 13,000원

경제 · 경영

CEO가 될 수 있는 성공법칙 101가지
김승룡 편역 | 신국판 | 320쪽 | 9,500원
정보소프트
김승룡 지음 | 신국판 | 324쪽 | 6,000원

기획대사전
다카하시 겐코 지음 | 홍영의 옮김
신국판 | 552쪽 | 19,500원

맨손창업 · 맞춤창업 BEST 74
양혜숙 지음 | 신국판 | 416쪽 | 12,000원

무자본, 무점포 창업 FAX 한 대면 성공한다
다카시로 고시 지음 | 홍영의 옮김
신국판 | 226쪽 | 7,500원

성공하는 기업의 인간경영
중소기업 노무 연구회 편저 | 홍영의 옮김
신국판 | 368쪽 | 11,000원

21세기 IT가 세계를 지배한다
김광희 지음 | 신국판 | 380쪽 | 12,000원

경제기사로 부자아빠 만들기
김기태 · 신현태 · 박근수 공저 | 신국판
388쪽 | 12,000원

포스트 PC의 주역 정보가전과 무선인터넷
김광희 지음 | 신국판 | 356쪽 | 12,000원

성공하는 사람들의 마케팅 바이블
채수명 지음 | 신국판 | 328쪽 | 12,000원

느린 비즈니스로 돌아가라
사카모토 게이이치 지음 | 정성호 옮김
신국판 | 276쪽 | 9,000원

적은 돈으로 큰돈 벌 수 있는 부동산 재테크
이원재 지음 | 신국판 | 340쪽 | 12,000원

바이오혁명
이주영 지음 | 신국판 | 328쪽 | 12,000원

성공하는 사람들의 자기혁신 경영기술
채수명 지음 | 신국판 | 344쪽 | 12,000원

CFO
교텐 토요오 · 타하라 오키시 지음
민병수 옮김 | 신국판 | 312쪽 | 12,000원

네트워크시대 네트워크마케팅
임동학 지음 | 신국판 | 376쪽 | 12,000원

성공리더의 7가지 조건
다이앤 트레이시 · 윌리엄 모건 지음
지창영 옮김 | 신국판 | 360쪽 | 13,000원

김종결의 성공창업
김종결 지음 | 신국판 | 340쪽 | 12,000원

최적의 타이밍에 내 집 마련하는 기술
이원재 지음 | 신국판 | 248쪽 | 10,500원

컨설팅 세일즈 Consulting sales
임동학 지음 | 대국전판 | 336쪽 | 13,000원

연봉 10억 만들기
김농주 지음 | 국판 | 216쪽 | 10,000원

주5일제 근무에 따른 한국형 주말창업
최효진 지음 | 신국판 변형 양장본
216쪽 | 10,000원

돈 되는 땅 돈 안되는 땅
김영준 지음 | 신국판 | 320쪽 | 13,000원

돈 버는 회사로 만들 수 있는 109가지
다카하시 도시노리 지음 | 민병수 옮김
신국판 | 344쪽 | 13,000원

프로는 디테일에 강하다
김미현 지음 | 신국판 | 248쪽 | 9,000원

머니투데이 송복규 기자의
부동산으로 주머니돈 100배 만들기
송복규 지음 | 신국판 | 328쪽 | 13,000원

성공하는 슈퍼마켓&편의점 창업
나명환 지음 | 4×6배판변형 | 500쪽 | 28,000원

대한민국 성공 재테크 부동산 펀드와 리츠로 승부하라
김영준 지음 | 신국판 | 256쪽 | 12,000원

마일리지 200% 활용하기
박성희 지음 | 국판 변형 | 200쪽 | 8,000원

1%의 가능성에 도전, 성공 신화를 이룬 여성 CEO
김미현 지음 | 신국판 | 248쪽 | 9,500원

3천만 원으로 부동산 재벌 되기
최우길 · 이숙 · 조연희 지음
신국판 | 290쪽 | 12,000원

10년을 앞설 수 있는 재테크
노동규 지음 | 신국판 | 260쪽 | 10,000원

세계 최강을 추구하는 도요타 방식
나카마키 요타카 지음 | 민병수 옮김
신국판 | 296쪽 | 12,000원

최고의 설득을 이끌어내는 프레젠테이션
조두환 지음 | 신국판 | 296쪽 | 11,000원

최고의 만족을 이끌어내는 창의적 협상
조강희 · 조원희 지음 | 신국판 | 248쪽 | 10,000원

New 세일즈기법 물건을 팔지 말고 가치를 팔아라
조기선 지음 | 신국판 | 264쪽 | 9,500원

작은 회사는 전략이 달라야 산다
황문진 지음 | 신국판 | 312쪽 | 11,000원

돈되는 슈퍼마켓 & 편의점 창업전략(입지 편)
나명환 지음 | 신국판 | 352쪽 | 13,000원

25 · 35 꼼꼼 여성 재테크
정원훈 지음 | 신국판 | 224쪽 | 11,000원

대한민국 2030 독특하게 창업하라
이상헌 · 이호 지음 | 신국판 | 288쪽 | 12,000원

왕초보 주택 경매로 돈 벌기
천관성 지음 | 신국판 | 268쪽 | 12,000원

New 마케팅 기법 (실천편) 물건을 팔지 말고 가치를 팔아라 2
조기선 지음 | 신국판 | 240쪽 | 10,000원

퇴출 두려워 마라 홀로서기에 도전하라
신정수 지음 | 신국판 | 256쪽 | 11,500원

슈퍼마켓 & 편의점 창업 바이블
나명환 지음 | 신국판 | 280쪽 | 12,000원

위기의 한국 기업 재창조하라
신정수 지음 | 신국판 양장본 | 304쪽 | 15,000원

취업닥터
신정수 지음 | 신국판 | 272쪽 | 13,000원

합법적으로 확실하게 세금 줄이는 방법
최성호 · 감기근지음 | 대국전판 | 372쪽 | 16,000원

선거수첩
김용한 엮음 | 4×6판 | 184쪽 | 9,000원

소상공인 마케팅 실전 노하우
(사)한국소상공인마케팅협회 지음 | 황문진 감수
4×6배판 변형 | 220,000원

불황을 완벽하게 타개하는 법칙
오오카와 류우오오 지음 | 김지현 옮김
신국판변형 | 240쪽 | 11,000원

한국 이명박 대통령의 영적 메시지
오오카와 류우오오 지음 | 박재영 옮김
4×6판 | 140쪽 | 7,500원

세계 황제를 노리는 남자 시진핑의 본심에 다가서다
오오카와 류우오오 지음 | 안미현 옮김
4×6판 | 144쪽 | 7,500원

북한 종말의 시작 영적 진실의 충격
오오카와 류우오오 지음 | 박재영 옮김
4×6판 | 194쪽 | 8,000원

러시아의 신임 대통령 푸틴과 제국의 미래
오오카와 류우오오 지음 | 안미현 옮김
4×6판 | 150쪽 | 7,500원

취업 역량과 가치로 디자인하라
신정수 지음 | 신국판 | 348쪽 | 15,000원

북한과의 충돌을 예견한다
오오카와 류우오오 지음 | 4×6판 | 148쪽 | 8,000원

미래의 법
오오카와 류우오오 지음
신국판 | 204쪽 | 11,000원

김정은의 본심에 다가서다
오오카와 류우오오 지음
4×6판 | 200쪽 | 8,000원

하세가와 케이타로 수호령 메시지
오오카와 류우오오 지음
신국판 | 140쪽 | 7,500원

뭐든지 다 판다
정철원 지음 | 신국판 | 280쪽 | 15,000원

더+ 시너지
유길문 지음 | 신국판 | 228쪽 | 14,000원

영원한 생명의 세계
오오카와 류우오오 지음 | 신국판 변형 | 148쪽 | 12,000원

인내의 법
오오카와 류우오오 지음 | 신국판 변형 | 260쪽 | 15,000원

스트레스 프리 행복론
오오카와 류우오오 지음 | 신국판 변형 | 180쪽 | 12,000원

월트 디즈니 감동을 주는 마법의 비밀
오오카와 류우오오 지음 | 4×6판 | 124쪽 | 7,000원

지혜의 법
오오카와 류우오오 지음 | 신국판 변형 | 218쪽 | 13,000원

더 힐링파워
오오카와 류우오오 지음 | 신국판 변형 | 190쪽 | 12,000원

정의의 법
오오카와 류우오오 지음 | 신국판 변형 | 240쪽 | 17,000원

전도의 법
오오카와 류우오오 지음 | 신국판 변형 | 260쪽 | 17,000원

주식

개미군단 대박맞이 주식투자
홍성걸(한양증권 투자분석팀 팀장) 지음
신국판 | 310쪽 | 9,500원

알고 하자! 돈 되는 주식투자
이길영외2명 공저 | 신국판 | 388쪽 | 12,500원

항상 당하기만 하는 개미들의 매도 · 매수 타이밍 999% 적중 노하우
강경무 지음 | 신국판 | 336쪽 | 12,000원

부자 만들기 주식성공클리닉
이창희 지음 | 신국판 | 372쪽 | 11,500원

선물 · 옵션 이론과 실전매매
이창희 지음 | 신국판 | 372쪽 | 12,000원

너무나 쉬워 재미있는 주가차트
홍성무 지음 | 4×6배판 | 216쪽 | 15,000원

주식투자 직접 투자로 높은 수익을 올릴 수 있는 비결
김학균 지음 | 신국판 | 230쪽 | 11,000원

억대 연봉 증권맨이 말하는 슈퍼 개미의 수익나는 원리
임정규 지음 | 신국판 | 248쪽 | 12,500원

주식탈무드
윤순숙 지음 | 신국판 양장 | 240쪽 | 15,000원

역학

역리종합 만세력
정도명 편저 | 신국판 | 532쪽 | 10,500원

작명대전
정보국 지음 | 신국판 | 460쪽 | 12,000원

하락이수 해설
이천교 편저 | 신국판 | 620쪽 | 27,000원

현대인의 창조적 관상과 수상
백운산 지음 | 신국판 | 344쪽 | 9,000원

대운용신영부적
정재원 지음 | 신국판 양장본 | 750쪽 | 39,000원

사주비결활용법
이세진 지음 | 신국판 | 392쪽 | 12,000원

컴퓨터세대를 위한 新 성명학대전
박용찬 지음 | 신국판 | 388쪽 | 11,000원

길흉화복 꿈풀이 비법
백운산 지음 | 신국판 | 410쪽 | 12,000원

새천년 작명컨설팅
정재원 지음 | 신국판 | 492쪽 | 13,900원

백운산의 신세대 궁합
백운산 지음 | 신국판 | 304쪽 | 9,500원

동자삼 작명학
남시모 지음 | 신국판 | 496쪽 | 15,000원

소울음소리
이건우 지음 | 신국판 | 314쪽 | 10,000원

알기 쉬운 명리학 총론
고순택 지음 | 신국판 양장본 | 652쪽 | 35,000원

대운명
정재원 지음 | 신국판 | 708쪽 | 23,200원

법률일반

여성을 위한 성범죄 법률상식
조명원(변호사) 지음 | 신국판 | 248쪽 | 8,000원

아파트 난방비 75% 절감방법
고영근 지음 | 신국판 | 238쪽 | 8,000원

일반인이 꼭 알아야 할 절세전략 173선
최성호(공인회계사) 지음 | 신국판 | 392쪽 | 12,000원

변호사와 함께하는 부동산 경매
최환주(변호사) 지음 | 신국판 | 404쪽 | 13,000원

혼자서 쉽고 빠르게 할 수 있는 소액재판
김재용·김종철 공저 | 신국판 | 312쪽 | 9,500원

술 한 잔 사겠다는 말에서 찾아보는 채권·채무
변환철(변호사) 지음 | 신국판 | 408쪽 | 13,000원

알기쉬운 부동산 세무 길라잡이
이건우(세무서 재산계장) 지음 | 신국판 | 400쪽 | 13,000원

알기쉬운 어음, 수표 길라잡이
변환철(변호사) 지음 | 신국판 | 328쪽 | 11,000원

제조물책임법
강동근(변호사)·윤종성(검사) 공저 | 신국판 | 368쪽 | 13,000원

알기 쉬운 주5일근무에 따른 임금·연봉제 실무
문강분(공인노무사) 지음 | 4×6배판 변형 | 544쪽 | 35,000원

변호사 없이 당당히 이길 수 있는 형사소송
김대환 지음 | 신국판 | 304쪽 | 13,000원

변호사 없이 당당히 이길 수 있는 민사소송
김대환 지음 | 신국판 | 412쪽 | 14,500원

혼자서 해결할 수 있는 교통사고 Q&A
조명원(변호사) 지음 | 신국판 | 336쪽 | 12,000원

알기 쉬운 개인회생·파산 신청법
최재규(법무사) 지음 | 신국판 | 352쪽 | 13,000원

부동산 조세론
정태식·김예기 지음 | 4×6배판 변형 | 408쪽 | 33,000원

생활법률

부동산 생활법률의 기본지식
대한법률연구회 지음 | 김원중(변호사) 감수 | 신국판 | 480쪽 | 12,000원

고소장·내용증명 생활법률의 기본지식
하태웅(변호사) 지음 | 신국판 | 440쪽 | 12,000원

노동 관련 생활법률의 기본지식
남동희(공인노무사) 지음 | 신국판 | 528쪽 | 14,000원

외국인 근로자 생활법률의 기본지식
남동희(공인노무사) 지음 | 신국판 | 400쪽 | 12,000원

계약작성 생활법률의 기본지식
이상도(변호사) 지음 | 신국판 | 560쪽 | 14,500원

지적재산 생활법률의 기본지식
이상도(변호사)·조의제(변리사) 공저 | 신국판 | 496쪽 | 14,000원

부당노동행위와 부당해고 생활법률의 기본지식
박영수(공인노무사) 지음 | 신국판 | 432쪽 | 14,000원

주택·상가임대차 생활법률의 기본지식
김운용(변호사) 지음 | 신국판 | 480쪽 | 14,000원

하도급거래 생활법률의 기본지식
김진흥(변호사) 지음 | 신국판 | 440쪽 | 14,000원

이혼소송과 재산분할 생활법률의 기본지식
박동섭(변호사) 지음 | 신국판 | 460쪽 | 14,000원

부동산등기 생활법률의 기본지식
정상태(법무사) 지음 | 신국판 | 456쪽 | 14,000원

기업경영 생활법률의 기본지식
안동섭(단국대 교수) 지음 | 신국판 | 466쪽 | 14,000원

교통사고 생활법률의 기본지식
박정무(변호사)·전병찬 공저 | 신국판 | 480쪽 | 14,000원

소송서식 생활법률의 기본지식
김대환 지음 | 신국판 | 480쪽 | 14,000원

호적·가사소송 생활법률의 기본지식
정주수(법무사) 지음 | 신국판 | 516쪽 | 14,000원

상속과 세금 생활법률의 기본지식
박동섭(변호사) 지음 | 신국판 | 480쪽 | 14,000원

담보·보증 생활법률의 기본지식
류창호(법학박사) 지음 | 신국판 | 436쪽 | 14,000원

소비자보호 생활법률의 기본지식
김성천(법학박사) 지음 | 신국판 | 504쪽 | 15,000원

판결·공정증서 생활법률의 기본지식
정상태(법무사) 지음 | 신국판 | 312쪽 | 13,000원

산업재해보상보험 생활법률의 기본지식
정유석(공인노무사) 지음 | 신국판 | 384쪽 | 14,000원

명상

명상으로 얻는 깨달음
달라이 라마 지음 | 지창영 옮김 | 국판 | 320쪽 | 9,000원

처세

성공적인 삶을 추구하는 여성들에게 우먼파워
조안 커너·모이라 레이너 공저 | 지창영 옮김 | 신국판 | 352쪽 | 8,800원

聽 이익이 되는 말 話 손해가 되는 말
우메시마 미오 지음 | 정성호 옮김 | 신국판 | 304쪽 | 9,000원

성공하는 사람들의 화술테크닉
긴영욱 지음 | 신국판 | 320쪽 | 9,500원

부자들의 생활습관 가난한 사람들의 생활습관
다케우치 야스오 지음 | 홍영의 옮김 | 신국판 | 320쪽 | 9,800원

코끼리 귀를 단진 원숭이-히딩크식 창의력을 배우자
강충인 지음 | 신국판 | 208쪽 | 8,500원

성공하려면 유머와 위트로 무장하라
민영욱 지음 | 신국판 | 292쪽 | 9,500원

등소평의 오뚜이전략
조창남 편저 | 신국판 | 304쪽 | 9,500원

노무현 화술과 화법을 통한 이미지 변화
이현정 지음 신국판 | 320쪽 | 10,000원

성공하는 사람들의 토론의 법칙
민영욱 지음 | 신국판 | 280쪽 | 9,500원

사람은 칭찬을 먹고산다
민영욱 지음 | 신국판 | 268쪽 | 9,500원

사과의 기술
김농주 지음 | 국판 변형 양장본 | 200쪽 | 10,000원

취업 경쟁력을 높여라
김농주 지음 | 신국판 | 280쪽 | 12,000원

유비쿼터스시대의 블루오션 전략
최양진 지음 | 신국판 | 248쪽 | 10,000원

나만의 블루오션 전략 - 화술편
민영욱 지음 | 신국판 | 254쪽 | 10,000원

희망의 씨앗을 뿌리는 20대를 위하여
우광균 지음 | 신국판 | 172쪽 | 8,000원

끌리는 사람은 되기위한 이미지 컨설팅
홍순아 지음 | 대국전판 | 194쪽 | 10,000원

글로벌 리더의 소통을 위한 스피치
민영욱 지음 | 신국판 | 328쪽 | 10,000원

오바마처럼 꿈에 미쳐라
정영순 지음 | 신국판 | 208쪽 | 9,500원

여자 30대, 내 생애 최고의 인생을 만들어라
정영순 지음 | 신국판 | 256쪽 | 11,500원

인맥의 달인을 넘어 인맥의 神이 되라
서필환·봉은희 지음 | 신국판 | 304쪽 | 12,000원

아임 파인(I'm Fine!)
오키와 류우호 지음 | 4×6판 | 152쪽 | 8,000원

미셸 오바마처럼 사랑하고 성공하라
정영순 지음 | 신국판 | 224쪽 | 10,000원

용기의 법
오구와 류우호 지음 | 국판 | 208쪽 | 10,000원

긍정의 신
김태광 지음 | 신국판 변형 | 230쪽 | 9,500원

위대한 결단
이채윤 지음 | 신국판 | 316쪽 | 15,000원

한국을 일으킬 비전 리더십
안의정 지음 | 신국판 | 340쪽 | 14,000원

하우 어바웃 유?
오오카와 류우호오 지음 | 신국판 변형
140쪽 | 9,000원

셀프 리더십의 긍정적 힘
배은경 지음 | 신국판 | 178쪽 | 12,000원

실천하라 정주영처럼
이채윤 지음 | 신국판 | 300쪽 | 12,000원

진실에 대한 깨달음
오오카와 류우호오 지음 | 신국판 변형
170쪽 | 9,500원

통하는 화술
민영욱 · 조영관 · 손이수 지음 | 신국판
264쪽 | 12,000원

마흔, 마음샘에서 찾은 논어
이이영 지음 | 신국판 | 294쪽 | 12,000원

겨자씨만한 역사, 세상을 열다
이이영 · 손연주 지음 | 신국판 | 304쪽 | 12,000원

셀프 리더십 코칭
배은경 지음 | 신국판 | 180쪽 | 12,000원

홀리스틱 리더십
김길수 지음 | 신국판 | 240쪽 | 13,000원

나는야 뽀빠이 공무원
강평석 지음 | 신국판 | 280쪽 | 15,000원

마인드 뷰티 컨설트 김아현의 반전 매력 심리학 이야기
김아현 지음 | 신국판 | 244쪽 | 15,000원

어학

2진법 영어
이성도 지음 | 4×6배판 변형 | 328쪽 | 13,000원

한 방으로 끝내는 영어
고제윤 지음 | 신국판 | 316쪽 | 9,800원

한 방으로 끝내는 영단어
김승엽 지음 | 김수경 · 카렌다 감수
4×6배판 변형 | 236쪽 | 9,800원

해도해도 안 되던 영어회화 하루에 30분씩 90일이면 끝낸다
Carrot Korea 편집부 지음 | 4×6배판 변형
260쪽 | 11,000원

바로 활용할 수 있는 기초생활영어
김수경 지음 | 신국판 | 240쪽 | 10,000원

바로 활용할 수 있는 비즈니스영어
김수경 지음 | 신국판 | 252쪽 | 10,000원

생존영어55
홍일록 지음 | 신국판 | 224쪽 | 8,500원

필수 여행영어회화
한현숙 지음 | 4×6판 변형 | 328쪽 | 7,000원

필수 여행일어회화
윤영자 지음 | 4×6판 변형 | 264쪽 | 6,500원

필수 여행중국어회화
이은진 지음 | 4×6판 변형 | 256쪽 | 7,000원

영어로 배우는 중국어
김승업 지음 | 신국판 | 216쪽 | 9,000원

필수 여행스페인어회화
유연창 지음 | 4×6판 변형 | 288쪽 | 7,000원

바로 활용할 수 있는 홈스테이 영어
김형주 지음 | 신국판 | 184쪽 | 9,000원

필수 여행러시아어회화
이은수 지음 | 4×6판 변형 | 248쪽 | 7,500원

바로 활용할 수 있는 홈스테이 영어
김형주 지음 | 신국판 | 184쪽 | 9,000원

필수 여행러시아어회화
이은수 지음 | 4×6판 변형 | 248쪽 | 7,500원

영어 먹는 고양이 1
권혁천 지음 | 4×6배판 변형(올컬러)
164쪽 | 9,500원

영어 먹는 고양이 2
권혁천 지음 | 4×6배판 변형(올컬러)
152쪽 | 9,500원

여행

우리 땅 우리 문화가 살아 숨쉬는 옛터
이형권 지음 | 대국전판(올컬러)
208쪽 | 9,500원

아름다운 산사
이형권 지음 | 대국전판(올컬러) | 208쪽 | 9,500원

맛과 멋이 있는 낭만의 카페
박성찬 지음 | 대국전판(올컬러) | 168쪽 | 9,900원

한국의 숨어 있는 아름다운 풍경
이종원 지음 | 대국전판(올컬러) | 208쪽 | 9,900원

사람이 있고 자연이 있는 아름다운 명산
박기성 지음 | 대국전판(올컬러) | 176쪽 | 12,000원

마음의 고향을 찾아가는 여행 포구
김인자 지음 | 대국전판(올컬러) | 224쪽 | 14,000원

생명이 살아 숨쉬는 한국의 아름다운 강
민병준 지음 | 대국전판(올컬러) | 168쪽 | 12,000원

틈나는 대로 세계여행
김재관 지음 | 4×6배판 변형(올컬러)
368쪽 | 20,000원

풍경 속을 걷는 즐거움 명상 산책
김인자 지음 | 대국전판(올컬러) | 224쪽 | 14,000원

3,3,7 세계여행
김완수 지음 | 4×6배판 변형(올컬러)
280쪽 | 12,900원

법정 스님의 발자취가 남겨진 아름다운 산사
박성찬 · 최ャ정 · 이성준 지음
신국판 변형(올컬러) | 176쪽 | 12,000원

자유인 김완수의 세계 자연경관 후보지 21곳 탐방과 세계 7대 자연경관 견문록
김완수 지음 | 4×6배판(올컬러) | 368쪽 | 27,000원

레포츠

인라인스케이팅 100%즐기기
임미숙 지음 | 4×6배판 변형 | 172쪽 | 11,000원

스키 100% 즐기기
김동환 지음 | 4×6배판 변형 | 184쪽 | 12,000원

태권도 총론
하웅의 지음 | 4×6배판 | 288쪽 | 15,000원

수영 100% 즐기기
김종만 지음 | 4×6배판 변형 | 248쪽 | 13,000원

건강을 위한 웰빙 걷기
이강옥 지음 | 대국전판 | 280쪽 | 10,000원

쉽고 즐겁게! 신나게! 배우는 재즈댄스
최재선 지음 | 4×6배판 변형 | 200쪽 | 12,000원

해양스포츠 카이트보딩
김남용 편저 | 신국판(올컬러) | 152쪽 | 18,000원

골프

퍼팅 메커닉
이근택 지음 | 4×6배판 변형 | 192쪽 | 18,000원

아마골프 가이드
정영호 지음 | 4×6배판 변형 | 216쪽 | 12,000원

골프 100타 깨기
김준모 지음 | 4×6배판 변형 | 136쪽 | 10,000원

골프 90타 깨기
김광섭 지음 | 4×6배판 변형 | 148쪽 | 11,000원

KLPGA 최여진 프로의 센스 골프
최여진 지음 | 4×6배판 변형(올컬러)
192쪽 | 13,900원

KTPGA 김준모 프로의 파워 골프
김준모 지음 | 4×6배판 변형(올컬러)
192쪽 | 13,900원

골프 80타 깨기
오태훈 지음 | 4×6배판 변형 | 132쪽 | 10,000원

신나는 골프 세상
유응열 지음 | 4×6배판 변형(올컬러)
232쪽 | 16,000원

이신 프로의 더 퍼펙트
이신 지음 | 국배판 변형 | 336쪽 | 28,000원

주니어출신 박영진 프로의 주니어골프
박영진 지음 | 4×6배판 변형(올컬러)
164쪽 | 11,000원

골프손자병법
유응열 지음 | 4×6배판 변형(올컬러)
212쪽 | 16,000원

박영진 프로의 주말 골퍼 100타 깨기
박영진 지음 | 4×6배판 변형(올컬러)
160쪽 | 12,000원

10타 줄여주는 클럽 피팅
현세용 · 서주석 공저 | 4×6배판 변형
184쪽 | 15,000원

단기간에 싱글이 될 수 있는 원포인트 레슨
권용진 · 김준모 지음 | 4×6배판 변형(올컬러)
152쪽 | 12,500원

이신 프로의 더 퍼펙트 쇼트 게임
이신 지음 | 국배판 변형(올컬러) | 248쪽 | 20,000원

인체에 가장 잘 맞는 스킨 골프
박길석 지음 | 국배판 변형 양장본(올컬러)
312쪽 | 43,000원

여성 · 실용

결혼준비, 이제 놀이가 된다
김창규 · 김수경 · 김정철 지음
4×6배판 변형(올컬러) | 230쪽 | 13,000원

아동

꿈도둑의 비밀
이소영 지음 | 신국판 | 136쪽 | 7,500원

바리온의 빛나는 돌
이소영 지음 | 신국판 | 144쪽 | 8,000원

은퇴의 기술
100세 시대 5Yes(예스)로 준비하라

2017년 8월 10일 제1판 1쇄 발행
2017년 11월 30일 제1판 2쇄 발행

지은이 / 황인철
펴낸이 / 강선희
펴낸곳 / 가림출판사

등록 / 1992. 10. 6. 제 4-191호
주소 / 서울시 광진구 능동로 334 (중곡동) 경남빌딩 5층
대표전화 / 02)458-6451 팩스 / 02)458-6450
홈페이지 / www.galim.co.kr
전자우편 / galim@galim.co.kr

값 14,000원

ⓒ 황인철, 2017

저자와의 협의하에 인지를 생략합니다.

불법복사는 지적재산을 훔치는 범죄행위입니다.
저작권법 제97조의5(권리의 침해죄)에 따라 위반자는 5년 이하의 징역
또는 5천만원 이하의 벌금에 처하거나 이를 병과할 수 있습니다.

ISBN 978-89-7895-401-3 13320

이 도서의 국립중앙도서관 출판예정도서목록(CIP)은 서지정보유통지원시스템 홈페이지(http://seoji.nl.go.kr)와 국가자료공동목록시스템(http://www.nl.go.kr/kolisnet)에서 이용하실 수 있습니다.(CIP제어번호: CIP2017016940)